BUNDESBAHN-ALBUM 1945–1960

Bei Oberstaufen im Allgäu: Blick vom Südportal des Tunnels auf den Schnellzug München-Lindau mit Lok 18 451.

ALFRED B. GOTTWALDT

Bundesbahn-Album
1945–1960

500 Bilder von der Deutschen Bundesbahn

MOTORBUCH VERLAG STUTTGART

Aber früher waren auch die Eier billiger und das Wetter war schöner.

(Marcel Reich-Ranicki)

Einband und Schutzumschlag: Siegfried Horn

Bild auf dem Schutzumschlag: Dampflokomotive 10 001 der Bundesbahn im Betriebswerk Frankfurt (Main) auf der Schlackengrube.
(Foto: Dr. Rolf Brüning)

Alle Schwarzweißaufnahmen in diesem Buch sind von Berufsfotografen für die Hauptverwaltung der Deutschen Bundesbahn (Pressedienst) angefertigt und zur Werbung für die Eisenbahn verwendet worden. Die Fotografen Bantalion, Below, Böhlcke, Brunotte, Burger, Bustorff, Doh, Engels, Eyring, Fischer, Först, Francé, Gunther, Hollnagel, Müll, Quebe, Säuberlich, Schirmbeck, Trost, Steidl und viele andere haben diese Dokumente geschaffen; das Material befindet sich heute im Verkehrsmuseum Nürnberg.
Verfasser und Verlag danken der Deutschen Bundesbahn für die Erlaubnis zum Abdruck und dem Verkehrsmuseum für seine großzügige Hilfe.
Die farbigen Abbildungen hat Dr. Rolf Brüning freundlicherweise zur Verfügung gestellt.

ISBN 3-87943-776-9

1. Auflage 1980.

Eine Abteilung des Buch- und Verlagshauses Paul Pietsch GmbH & Co. KG.

Satz und Druck: Johannes Illig, 7320 Göppingen.
Bindung: Großbuchbinderei E. Riethmüller, 7000 Stuttgart.
Printed in Germany.

Einleitung: Bundesbahn-Album 1945–1960

Flüchtlinge, heimkehrende Landser und ausgehungerte Städter auf Hamsterfahrt bevölkerten 1945 die Eisenbahnzüge, und jeder war froh, wenn der Wagen überhaupt nur rollte. 1960, so will es uns scheinen, war alles wieder in Ordnung, denn ein Wirtschaftswunder ohnegleichen hatte den Bundesbürger wohlgenährt und zufrieden gemacht. Der dicke Ludwig Erhard mit seiner Zigarre wurde ebenso zum Symbol für die Epoche wie Gert Fröbe als Otto Normalverbraucher und viele, viele andere mehr . . . In diesem Buch sollen die frühen Jahre der Bundesbahn betrachtet werden, die inzwischen schon wieder eine Generation zurückliegen. Manches will uns bereits uralt vorkommen, anderes dagegen ist beinahe zeitlos geblieben.

Erster Teil: Vom Wiederaufbau

»Die Stunde Null«

Ein gewaltiges Verkehrsbedürfnis offenbart sich auf dem Bild unten, das im Januar 1946 in Hamburg entstanden ist. Vor den Türen eines Doppelstockwagens der früheren Lübeck-Büchener Eisenbahn, der hier nach Harburg eingesetzt wird, drängeln die Menschen auf dem Weg von der Arbeit, auf der Fahrt zum Hamstern oder zu einer Schwarzmarkt-Gelegenheit. Auf dem Dach des Wagens sind noch die Klappen zu erkennen, mit denen 1937 im eleganten »H-L-Schnellverkehr« Eis in die Belüftungsapparatur geschoben werden konnte – ein Jahrzehnt später konnte man nicht sicher sein, daß nachts überhaupt ein Licht im Wagen brannte . . .

Die Hohenzollernbrücke von Köln, im März 1945 noch bei sinnlosen Rückzugsbewegungen gesprengt, kann gut zum Symbol für jene ersten Jahre herhalten: Bereits ab April 1946 war sie provisorisch wieder befahrbar, im Mai 1948 konnte sie zumindest zweigleisig wieder in Betrieb genommen werden.

Flüchtlinge und Vertriebene prägten das Bild vieler Züge: Die Aufnahmen des offenen Güterwagens, der einmal französischen Eisenbahnen gehörte, entstand an einem aus Stettin in Rostock eingetroffenen Zug.

Die Jugend dieser Jahre, deren Zeit in »Jungvolk« und »HJ« erst kurz zurücklag, nahm nun teil am Kohlenklau und sprang auf langsam fahrende Güterzüge, um das Brennmaterial in Säcke zu scheffeln und abzuwerfen – selbst ein Fotograf konnte sie dabei nicht stören. Aufnahme zwischen Hamburg Hauptbahnhof und Altona im August 1946; rechts die Gleise der elektrisch betriebenen Stadtbahn.

Weitgehend zerstört war auch der Hauptbahnhof München. Die leere Hallenkonstruktion und die kümmerlichen Abteilwagen hinterlassen einen trostlosen Eindruck. Auf der Seite rechts ein Flüchtlingszug zwischen Rostock und Lübeck beim Halt auf freier Strecke im April 1945: Welche Geschichte könnte jeder Reisende erzählen, der da tagelang auf dem Trittbrett oder dem Puffer saß, um seinem Ziel näherzukommen . . .

»Heimkehr der Landser« ist das Bild links oben überschrieben, das die Ereignisse der vorangegangenen Seite aus anderem Blickwinkel nochmals zeigt.

Der gleiche Eindruck (links unten) bot sich zwischen Elmshorn und Hamburg, nun nach der Kapitulation beobachtet. Am rechten Bildrand ein Waggon des amerikanischen »Transportation Corps«.

Unten der Hamburger Hauptbahnhof im Januar 1946: Ein leerer Kohlenzug nimmt Passagiere mit zurück ins Ruhrgebiet – als »Reisender« wird sich damals niemand gefühlt haben.

Rechts der Hauptbahnhof von Kiel im Zustand des Jahres 1945, darunter der Wiederaufbau der Fuldabrücke Guntershausen, zwischen Kassel und Bebra, die wie die Hohenzollernbrükke (rechts unten) erst in den letzten Kriegstagen zerstört worden war. Hier der Zustand von 1946. Rechts oben schließlich ein Blick in das Bahnbetriebswerk von Neumünster 1947.

38 1551

Erste Fahrt über eine neu eingehobene Brücke bei Darmstadt, so lautet der Titel des Bildes mit der preußischen T 14[1] unten. Auf der rechten Seite der Blick auf eine Gruppe von Maschinen im Lokomotivbestand, die während der Kriegsjahre in großen Stückzahlen gebaut worden waren und nun allenthalben herumstanden: Oben die Lokomotive 50 614, die bald in der unten gezeigten vereinfachten Form (Lok 50 3068) gebaut und schließlich in die Kriegslok der Reihe 52 übergeleitet wurde. In der Mitte die Kondenslokomotive 52 1972, eine Sonderausführung für den seinerzeitigen Kriegseinsatz im Süden der Sowjetunion. Die DB übernahm allein davon noch etwa hundert Exemplare, die teilweise auf der Rheinstrecke liefen. Von 814 Kriegsloks Reihe 52 bei der DB waren 1949 nur 154 Stück betriebsbereit; die Mehrzahl wurde bis 1954 ausgemustert.

Schlangen vor dem Fahrkartenschalter im Jahre 1946 in Kassel (rechts) und eine Bahnsteigszene in Bochum (unten), etwa 1950, mit den Lokomotiven 03 041 und 01 194 lassen bereits den Übergang zu etwas geregelteren Verhältnissen erkennen. Rechts gegenüber noch einmal die markante Stirnansicht einer 50er Güterzuglok, die zusammen mit der Reihe 44 die Hauptlast der Güterzugförderung zu tragen hatte.

50 603

»Deutsche Bundesbahn« – in die Zukunft unter neuem Namen

Am 7. September 1949, einem für die Eisenbahn wahrhaft schicksalhaften Tag, wurde in Übereinstimmung mit dem Artikel 87 des Grundgesetzes vom 24. Mai die Bezeichnung der Eisenbahnen im Vereinigten Wirtschaftsgebiet von »Deutsche Reichsbahn« in »Deutsche Bundesbahn« geändert; zugleich wurden sie mit den »Südwestdeutschen Eisenbahnen« der französischen Zone zusammengefaßt. Und an diesen neuen Namen, an die neue D-Mark, an die neue Regierung Adenauer mit dem Verkehrsminister Seebohm und den ersten DB-Präsidenten Frohne wurden vielfältige Hoffnungen geknüpft . . .

»Deutsche Bundesbahn« wurde nun mit Schablonen allen Lokomotiven auflackiert; links unten 1950 in Kassel. Im Februar 1950 wurde die Lebensmittelrationierung aufgehoben. Und wenn auch die abgenutzte Joppe des DB-Lokführers seinerzeit (unten links) ihre eigene Sprache sprach – stolz blickte er nun wieder voraus. Damals fuhr man noch mit dem Zug: Unten rechts sehen wir Vera Marks, eine »Miss Germany« von 1951, auf der Lokomotive ihres Filmzuges; ebenfalls ein Schritt voran, mochten auch alle ihren Titel noch »Miß Schömeni« aussprechen.

Nun wieder die Lokomotiven der DB: Da war immer noch die Gattung P 8, Bauartreihe 38^{10}, das »Maß aller Dinge« in der Personenzugförderung. 1906 erstmals gebaut, um 1910 zur Serienreife gebracht, bis 1924 beschafft, und selbst 1951 noch im fast altpreußischem »Look« im Betrieb.

Rechts oben das Personal einer Hamburger 50er bei seinem Dienst, gleichfalls ein treffendes Bild der Jahre um 1950. Darunter, ein paar Jahre später, der Empfang des französischen Filmstars Brigitte Bardot auf dem Münchner Hauptbahnhof – Zeichen der Zeit, denn der deutsche Film geriet nun für lange Jahre international ins Hintertreffen. Zu jedem Gesicht ließe sich eine Geschichte erfinden.

Deutsche Bundesbahn

HOTEL

Aber wir wollten ja von dem neuen Elan und den neuen Fahrzeugen der Bundesbahn berichten. Mit dem Beginn des Sommerfahrplans am 14. Mai 1950 wurden in den Bezirken Hamburg und Augsburg jeweils fünf Schienenomnibusse in Dienst gestellt. Im Februar 1952 kamen die ersten neuen Schnelltriebwagen der Reihe VT 08 in Betrieb; hier der VT 08 501 des Betriebswerkes Frankfurt-Griesheim.

Die ersten zwölf Uerdinger Schienenbusse besaßen noch eine Kopfform mit überkragendem Dach, die später aufgegeben wurde. Auch der Stoßpuffer und die Lastwagen-Kupplung wurden für die Serienbeschaffung nicht übernommen. Unten links die Betreuer des Schienenbusses beim Tanken, rechts daneben »Dienst am Kunden« auf dem Hauptbahnhof Kiel. Wie klein will uns das Angebot des Zeitungsverkäufers erscheinen, wenn wir es an den Auslagen auf Seite 154 oder Seite 305 messen?

Höhepunkt der frühen Jahre war die Verkehrsausstellung München vom 20. Juni bis 11. Oktober 1953. Hier wurden alle neuen Fahrzeuge der Deutschen Bundesbahn öffentlich ausgestellt, und international fand die Schau weithin Anerkennung. Ganz links sehen wir noch eine der nach Reichsbahn-Plänen zusammengebauten E 94, daneben einen Elektro-Triebzug der Reihe ET 56, der ab 1952 für die Netze Stuttgart und Nürnberg beschafft worden war. Dahinter die Elektrolokomotive E 10 003 vom Bw Nürnberg.
Rechts des Bahnsteiges, bei dem wir die Betrachtung der flanierenden und betrachtenden Menschen nicht vergessen wollen, stehen ein Schienenbus VT 95 und die Großmotor-Diesellokomotive V 200 001. Wer hätte nicht durch ihre Seitenscheiben in den Maschinenraum geblickt? Ganz rechts schließlich noch der Kopf des Triebzuges VT 12 504 für den Bezirksverkehr.

Weitere »Stars« der Münchener Schau waren die Leichtmetall-Gliedertriebzüge der Bauart Kruckenberg, die wechselweise am Bahnsteig standen und gelegentlich auch im Betrieb vorgeführt wurden.
Den Tageszug »Senator« (links bei Rendsburg) mit der Nummer VT 10 501 hatte die Bundesbahn in Auftrag gegeben; er fuhr auf Einzelachslaufwerken zwischen den sieben Gliedern. Dagegen war der Nachtzug »Komet« (rechts oben die Führerkanzel, darunter die Aufstellung des VT 10 551 in München 1953) im Eigentum der DSG mit Jacobs-Drehgestellen ausgeführt. Beide Varianten besaßen in ihren Triebköpfen jeweils zwei Lastwagenmotoren von 160 PS Leistung, insgesamt also 640 PS. Mit aufgeladenen Motoren von viermal 210 PS sollte die Höchstgeschwindigkeit von 120 km/h auf 160 km/h gesteigert werden.

In den Gliederzug »Komet« wurde bald als achtes Teil dieser Speisewagen mit seinen feudalen Sesseln eingefügt, um auch während der Nachtfahrt noch ausreichend Bewegungsraum für solche Fahrgäste anzubieten, denen der Sinn noch nicht nach Schlummer stand.

Durch Österreich, Jugoslawien und Griechenland lief der Zug VT 10 551 einmal bis nach Athen, um für die Bundesrepublik und ihre Fahrzeugindustrie zu werben. Aufnahme im Larissa-Bahnhof von Athen. Selbst Wirtschaftsminister Erhard war an Bord.

Rot und Crème waren für zwei Jahrzehnte die Hausfarben des Bundes-Zentralamtes München und seiner Entwicklungen: Rechts oben die »Zeppelinform« des Steuerwagens zum Akkumulator-Triebwagen ETA 176 von 1952, darunter die als »Lollo« bezeichnete Vorserienausführung der Reihe V 160 (216) im Jahre 1960 vor dem Meßwagen. Auch dieser Spitzname steht für den Geist der fünfziger Jahre.

Am entgegengesetzten Ende der Preis- und Komfortskala war der »Schienen-Straßen-Bus« angesiedelt, dessen erste Ausführung 1951 wir hier sehen. Es handelte sich um ein Fahrzeug, das mit Gummireifen auf der Straße fahren und sich für gewisse Strecken auch eiserne Schienenräder unterschnallen konnte. Aufnahme des von Krauss-Maffei gelieferten Fahrzeuges zwischen Leinfelden und Waldenbuch auf der Strecke von Stuttgart-Vaihingen.

ESA 176 006
Vorsichtig verschieben

DB
DB
V 160 001

Mancherlei moderne Technik nahm in diesen Jahren bei der Bundesbahn ihren Einzug: Schon im Oktober 1949 hatte man in Kornwestheim die erste Funk-Rangieranlage zur Verbindung zwischen Stellwerk, Lokführer und Ranguerbude in Betrieb genommen. Links ein Bild von der Werkstattprüfung der Anlage.
Rechts daneben die Aufnahme eines Wendezuges, also einer von der Lokomotive hinten am Zug geschobenen Wagengarnitur, die eine wesentliche Betriebsvereinfachung im Vorortverkehr der großen Städte mit sich brachte. Selbst auf Dampflokomotiven wurde sie angewandt. Am rechten Bildrand eine Diesellok der Reihe V 80.

Stolz war man in jenen Jahren natürlich auch auf die neuen Lokomotivtypen, die im Zentralamt Minden unter der Ägide des Dampflok-Bauartdezernenten Friedrich Witte noch entwickelt wurden. Von der Baureihe 23, die einmal die Nachfolgerin der preußischen P 8 hatte werden sollen, wurden zwischen 1950 und 1959 immerhin noch 105 Exemplare beschafft. Die Lokomotive 23 005 befand sich von 1951 bis 1953 beim Bw Kempten, bis 1955 in Oberlahnstein, sodann in Koblenz, Trier, Saarbrücken und Crailsheim – all dies Ausdruck der fortschreitenden Elektrifizierung und Verdieselung bei der Bundesbahn, denen die Maschine immer wieder weichen mußte. Welch ein Gegensatz zwischen der modernen Lokomotive und den altmodischen Wägelchen zu Beginn ihrer Laufbahn!

Mit »Fahrt durch die Vorstadt« ist dieses Bild aus dem Hamburger Raum betitelt, bei dem uns weniger die Lokomotive als vielmehr der auf den Packwagen folgende »Truppen-Schlaf- und Lazarettwagen« beschäftigen soll. 65 Stück davon wurden ab 1952 bei Linke-Hofmann-Busch in Salzgitter für das amerikanische »Transportation Corps« gebaut, Ausdruck des Besatzungsstatuts und der Reparationsverpflichtung gleichermaßen. Besonders im Berlin-Verkehr der Alliierten erlangten die Militärzüge noch lange Bedeutung. Wer erinnert sich noch an die Kursbuchangabe »DUS« von »Schnellzügen für die amerikanische Besatzungsmacht mit einzelnen Wagen für den deutschen Zivilverkehr«?

Vom Reiseverkehr der Bundesbahn

Im Einleitungskapitel haben wir gesehen, was Reiseverkehr in den Jahren nach 1945 zunächst bedeutete. Doch schon wenige Jahre später reichten Komfort und Wirtschaftlichkeit des übernommenen Wagenparks nicht mehr aus, und die Bundesbahn ging an die Entwicklung neuer Doppelstock- und Leichtschnellzugwagen. Noch vor den heute so verbreiteten »langen Schnellzugwagen« erschienen 1953/54 über sechshundert Exemplare des Eilzugwagens mit Mitteleinstieg von 26,4 Meter Länge über Puffer (siehe auch Seite 47), mit denen damals sogar die eigene Zuggattung »LS« aus der Taufe gehoben wurde: »Zug mit modernen Leichtbauwagen und kurzen Reisezeiten« hieß es dazu im Amtlichen Kursbuch. Eilzüge kosteten noch Zuschlag zwischen 50 Pfennig und 2 Mark.

Wer hätte gedacht, daß selbst der »Achtungspfiff vor Erteilung des Abfahrauftrages mit dem Befehlsstab« mit Beginn des Sommerfahrplanes 1950 neu eingeführt werden mußte?

Rührend waren die Bemühungen der DB, in ihren Anfangsjahren durch als »modern« angesehene Maßnahmen zusätzlichen Verkehr anzuziehen. Da gab es schon bald nach 1950 den Film im Eisenbahnzug, dann den Salonwagen (links) unter Benutzung von Wagen der früheren Reichsregierung, und schließlich (unten) den »Gesellschaftswagen« der Nummernreihe 10 801 bis 10 999, den jede Direktion bereitstellte, um Gelegenheit zum Schwingen des Tanzbeines zu geben.

Als endlich der Auslandsverkehr wieder anlief, waren die Fotografen der DB zur Stelle, um die Rückkehr von Kindertransporten aus der Schweiz zu dokumentieren. Noch gab es Devisenbeschränkungen, und wer mehr als 40 Mark ein- oder ausführen wollte, mußte das anmelden. Das Reisevergnügen der Elterngeneration verkörpert indes der Hamburger Gesellschaftswagen im Bilde darunter. Rechts schließlich die mit Volldampf ausfahrende Schnellzuglokomotive 01 1099 vom Betriebswerk Kassel-Bahndreieck.

01 1099

Sonntagsausflugszüge waren ein weiterer Versuch der Bundesbahn, an verkehrsschwachen Tagen zusätzlich Reisende zu gewinnen; außerdem gab es damals noch die Sonntagsrückfahrkarte, die immerhin ein Drittel an Preisermäßigung brachte. Daneben einige Fahrkarten und Preise von 1950, zu denen wir die heutigen Tarife nennen wollen: Von Frankfurt a. M. nach Wiesbaden einfach 5,10 DM, retour 10,20 DM. Nach der Bundeshauptstadt (2. Klasse) hin und zurück 52,– DM, Schnellzugzuschlag 3,– DM (oberhalb 50 km im Preis inbegriffen, damals noch für jede Distanz erforderlich), Intercity-Zuschlag je nach Klasse nochmals 3,– DM oder 10,– DM.

Auf der rechten Seite: »Reisestimmung« in norddeutscher Landschaft.

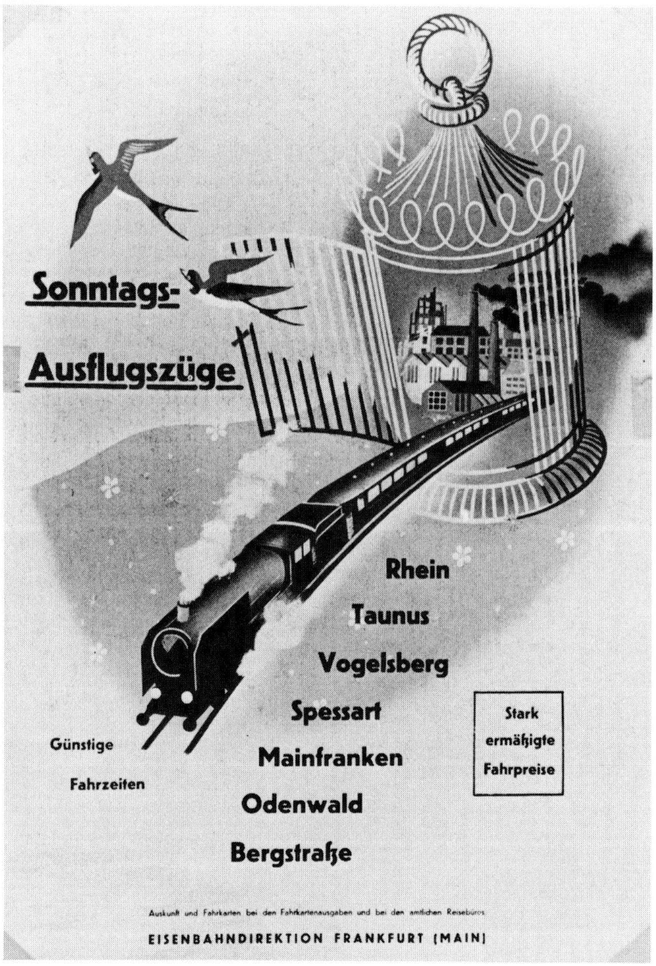

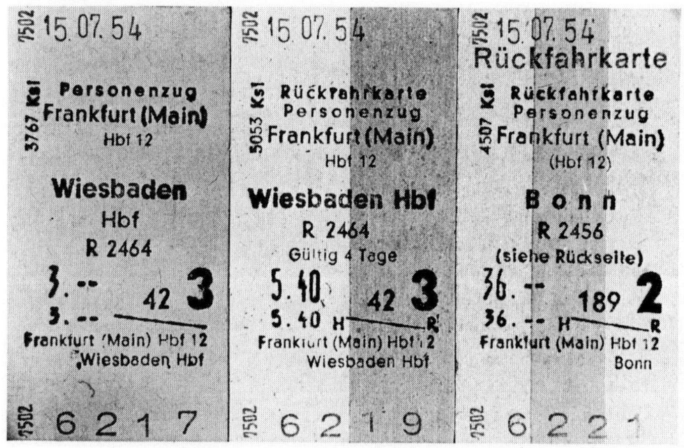

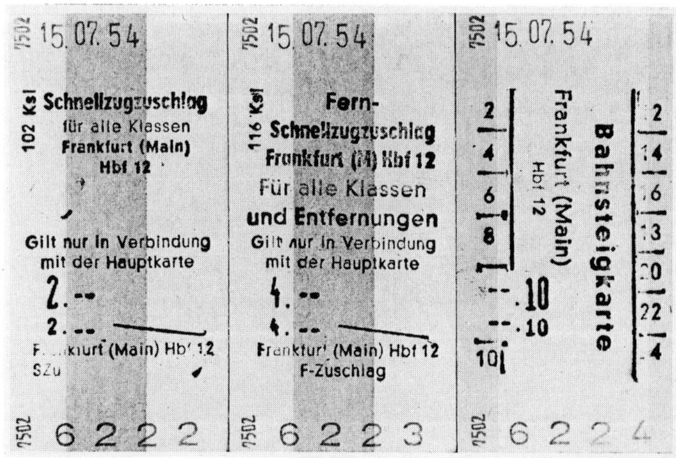

Nachtfahrt – links ein Stimmungsbild vom Rangierbahnhof, oben neue Schlafwagen der zum 1. April 1950 als westdeutsche Nachfolgerin der Mitropa gegründeten Deutschen Schlafwagen- und Speisewagen-Gesellschaft. Rechts der Blick in das Einbettabteil des Wagentyps »Spezial« von 1950, links daneben ein mit drei Personen belegtes Abteil im »Universal«-Wagen von 1955, dessen äußeres Bild Seite 127 zeigt.

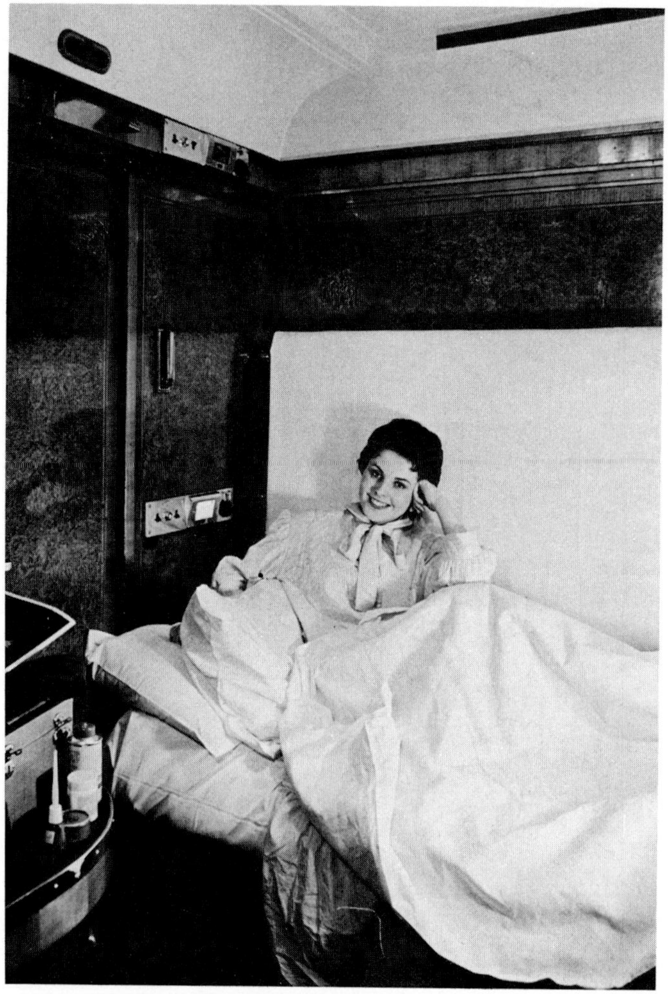

Links nochmals das Einbettabteil im zwanzigplätzigen »Spezial«-Schlafwagen, von dem damals vierzig Stück gebaut worden sind, darunter zwanzig für die amerikanische Besatzungsmacht. Typisches Kennzeichen dieses Wagens war der zickzackförmige Mittelgang. Der Herrenbesuch (von Seite 43) ist gegangen, und der Aufbau von Buch, Schokolade und Zigaretten soll ungestörtes Reisen in diesem Wagen symbolisieren.
Rechts daneben das fast luxuriöse Innere eines aus der Vorkriegszeit übernommenen Mitropa-Schlafwagens der 1. Klasse; an der Wand noch ein zweites Bett, um das Abteil »single« oder »double« verwenden zu können.

Nacht auch über dem winterlichen Hauptbahnhof von Augsburg, hier in einem Blick aus dem Stellwerk 8. Das Licht der Weichenlaternen und der durch die Weichenheizung aufgetaute Schnee im Bereich der Zungen fallen darin besonders auf.

Der Regen läßt die Schienen im nächtlichen Hauptbahnhof Karlsruhe fotogen blinken (unten).
Rechts nun der Blick in und auf weitere neue Bundesbahn-Wagen: Ab 1954 wurden die Liegewagen des Typs Bc 4 ümg mit sechs Plätzen im Abteil beschafft. Die Liegekarte kostete 1957 noch 5,– DM, ins Ausland 8,– DM, nach Frankreich 19,40 DM. Daneben das 1.-Klasse-Abteil im Wagentyp A 4 ümg von 1954 mit dem lange Jahre verwendeten Streifenplüschbezug der Sitze. Darunter schließlich der ab Ende 1951 gebaute Eilzugwagentyp C 4 ymg, noch mit der 3. Klasse beschriftet, den wir bereits auf Seite 35 kennengelernt haben.

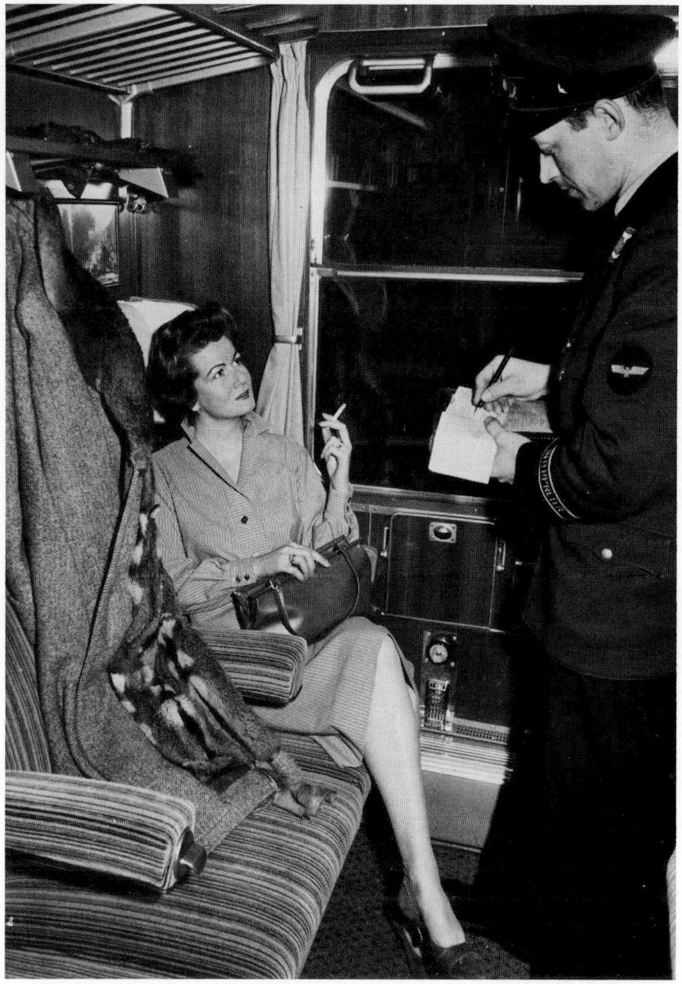

3
3

»Touropa« war ein weiteres Zauberwort für Reisen in den frühen fünfziger Jahren. Im November 1950 nahm diese Arbeitsgemeinschaft der Reisebüros DER, Hapag-Lloyd und ABR ihre Arbeit auf; sie bot eine Woche Ruhpolding ab Hamburg für 132,– DM, die Verlängerungswoche zu 50,– DM, und viele, viele kamen . . . Links oben ein Bild des schon 1952 »Ferienexpress« genannten Zuges vor der Abfahrt von Frankfurt am Main bis nach Neapel, also sogar bis ins Ausland. Darunter die neuen, blauen Touropa-Liegewagen, von denen ab 1953 erst einmal hundert Stück betrieben wurden, bei der Ankunft im Chiemgau. Denken wir auch daran, daß damals viele Hotels und Pensionen in Süddeutschland noch von den Besatzungsmächten in Anspruch genommen oder mit Flüchtlingen belegt waren.

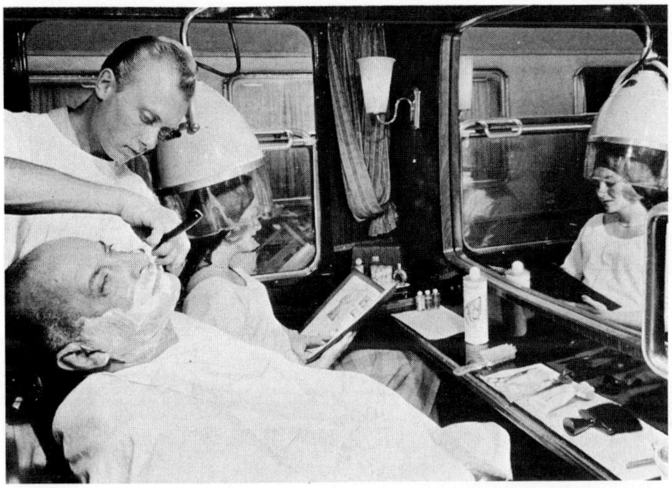

In den Touropa-Wagen gab es sogar einzelne Friseurabteile, von denen man später allerdings wieder abkam. Unsere Fahrgäste frühstücken und spielen hier lustig für den Fotografen, doch mancher spottete auch über die Enge im Abteil und sprach vom »Kniescheiben-Express«. Oben rechts der Blick in ein Schnellzugabteil älterer Bauart auf Verwaltungs-Sonderfahrt nach Davos; daher der aufgefaltete Schweiz-Prospekt.

Die Lokomotiven der DB

Der »Schwarze Schwan«, die Dreizylinder-Schnellzuglok der Baureihe 10, soll den Reigen der Lokomotivbilder eröffnen, die uns beispielhaft den Bestand und seine Entwicklungen in den fünfziger Jahren vorführen. Nur zwei dieser Maschinen mit ihrer schnittigen Verkleidung, deren Seitenteil hier ausgeklappt ist, wurden 1956 »vorsorglich« noch entwickelt und von Krupp gebaut; weiteren Bedarf an solchen Maschinen schnitt die Streckenelektrifizierung ab. Rechts ein Lokomotivheizer beim Abölen und Nachstellen des Treibstangenlagers seiner Schnellzuglokomotive.

Welche Mühe hatte man auf die Konstruktion dieser Maschine und auf ihre Formgebung verwandt, sogar an einen farbigen Anstrich war ursprünglich gedacht! Nun liefen die beiden Renner von 1958 bis zum Herbst 1962 beim Betriebswerk Bebra auf der Nord-Süd-Strecke (Bild rechts) und nach Frankfurt am Main, sodann beim Betriebswerk Kassel über die Main-Weser-Bahn nach Frankfurt und Gießen, endlich bis Anfang 1968 noch zwischen Kassel und Münster über Paderborn, Soest und Hamm. Heute steht die Lokomotive 10 001 im Museum von Neuenmarkt-Wirsberg.

01 194

Zweimal die Schnellzuglokomotive 01 194, ganz links noch fast im Originalzustand mit den großen Windleitblechen inmitten eindrucksvoller Eisenbahnstimmung, etwa 1950 aufgenommen. In der Mitte der fünfziger Jahre wurden Witte-Windleitbleche angebaut, 1959 erhielt die Maschine einen neuen Kessel mit Verbrennungskammer. Stationierungen waren Deutzerfeld (1937–1947), Hamm (1947–1950), Dortmund (1950), wieder Hamm (1950–1957), Hagen-Eckesey (1957–1958), Paderborn (1958–1963) und endlich Rheine (1963–1967).

Und wieder die P 8: Hier ist über Veränderungen an den bewährten Maschinen zu berichten. Da war zunächst einmal die Kupplung der Maschinen mit den Wannentendern augemusterter Kriegsloks. So konnten die betagten ursprünglichen Nietentender ausgemustert werden; Aktionsradius und Rückwärtsgeschwindigkeit ließen sich steigern. Witte-Windleitbleche waren selbstverständlich, eine ganze Reihe wurde auch im Wendezugdienst eingesetzt.

Rechts eine der beiden 1950 bei Krauss-Maffei umgebauten 38er mit »Mölbert-Tender«, allerdings in der Stirnansicht. Diese kurzen zweiachsigen Kohlenwagen sollten gleichfalls das Tempo bei Rückwärtsfahrt steigern helfen, weil an schnellfahrenden Tenderloks ein gewisser Mangel bestand, doch ging das mit den Wannentendern ohne größere Kosten schließlich ebenfalls.

78 1002

Das markante Profil der bayerischen S 3/6-Lokomotive soll uns daran erinnern, daß die Bundesbahn zwischen 1953 und 1956 in den Ausbesserungswerken von München und Ingolstadt immerhin dreißig Exemplare aus der Nummernreihe von 18 509 bis 548 mit neuen, geschweißten Kesseln ausrüsten ließ und in 18 601 bis 630 umzeichnete.

Nicht allen Verehrern der S 3/6 war diese Veränderung im Aussehen nach dem Geschmack. Hier die aus der 18 521 entstandenen Lokomotive 18 601. Darunter neben einer kleinen T 3 die schwere Schnellzuglok 01 1081, der ebenfalls eine Neubekesselung bevorstand.

So sah die ölgefeuerte »Super-Pazifik« 01 1081 nach dem Einbau des neuen Kessels und der Ölhauptfeuerung im Juni 1957 aus. Damit erleichterte sich die Arbeit des Heizers ganz wesentlich, und Langläufe in bisher ungekannter Ausdehnung konnten nun gefahren werden. Bebra, Kassel und Rheine waren ihre Heimatdienststellen. Links danbeben noch eine S 3/6 des Versuchsamtes.
Rechts schließlich das Gesicht der Ende März 1951 zum Bahnbetriebswerk Siegen gelieferten Maschine 23 014. Erbauer war Henschel. Sie und die P 8 haben sich noch etwa gleich lange bei der Bundesbahn gehalten.

23 014

Ein »Flachlandrenner« vom Betriebswerk Altona steht vor uns: Die 1931 von Henschel gelieferte Maschine war bis 1953 ununterbrochen bei dieser Dienststelle beheimatet. Aufnahme noch im Zustand der frühen fünfziger Jahre.

Die ersten neuen Wagen: »Doppeldecker«

Wie der Name von Friedrich Witte mit den Bundesbahn-Dampflokomotiven, so ist der Name von Adolf Mielich mit den neuen Waggons der DB untrennbar verbunden. Seine ursprünglichen Pläne zielten darauf ab, Doppelstockwagen in wesentlich größerem Umfang als bisher auch im Fernverkehr einzusetzen, um die Kapazität der Züge zu erhöhen, und um Zuglänge zu sparen. Drei Probewagen von 22,4 Meter Länge wurden gebaut, an die sich drei weitere Fahrzeuge von 26, 4 Meter anschlossen. Im Juni 1950 sollte das erste Exemplar zu seiner Probefahrt starten, ab Herbst sollten sie zwischen Dortmund und Frankfurt am Main verkehren.

Blick in den Treppenbereich (unten) und den Oberstock (unten rechts) des Doppelstockwagens mit Einrichtung der alten 3. Klasse. Rechts zwei Fahrgäste, die auf Wunsch des Fotografen aus dem Fenster im Obergeschoß schauen.

Bundesbahn-Betrieb auf Bahnhof Bamberg am 1. März 1959: Links die bayerische Lokalbahnlokomotive 98 1117, rechts die neue – heute bereits ausgemusterte – Elektrolokomotive E 10 003, geliefert von Siemens und Henschel im Jahre 1953.

Dampflok-Atmosphäre im Bahnhof Gießen am 15. Mai 1959:
Während rechts die Lokomotive 55 2553 mit zwei illustren Personenwagen rangiert, steht links die Maschine 39 237 am Bahnsteig. Im Hintergrund qualmt eine 50er; ein Schienenbus hat Pause.

Bahnsteigszene am Doppelstockwagenzug, zugleich ein Blick auf Uniformschnitt und Anzugmode des Jahres 1951. Mit diesen Wagen fanden auch die Übersetzfenster bei der DB Eingang, die den korrosionsanfälligen Fensterschacht älterer Wagentypen vermieden.

Die Doppelstockwagen wurden probeweise auch mit Abteilen der damaligen 2. Klasse im Oberstock (Bild rechts) oder mit Speiseraum (Bild rechts unten) gebaut. Wie bescheiden nimmt sich die DSG-Preistafel aus, vergleicht man sie mit dem heute üblichen Glanzpapier-Buntdruckwerk . . .

Unten der Eingang zum Doppelstockwagen 2. und 3. Klasse, daneben ein Blick auf die Küche im Unterstock des »Doppeldeckers« mit Speiseraum.

DSG
PREISTAFEL

Im Raum Hamburg war man, wie Seite 6 mit dem ehemaligen Lübeck-Büchener Zug schon zeigte, am besten an Doppelstockwagen gewöhnt, und so ließ die Bundesbahn ihre Prototypen nach Umbauten, bei denen etwa der Speiseraum entfernt worden war, im Städteschnellverkehr zwischen den Hansestädten Hamburg und Bremen laufen. Das Bild zeigt die kurzen Wagen der ersten Ausführung und eine der ganz neuen V 160 um das Jahr 1960.

»Interzonenzüge«

Dieser Begriff kam erst mit der politischen Entwicklung gegen Ende der vierziger Jahre in den Sprachschatz der Deutschen und der Bundesbahn: Die Berliner Blockade, wegen der Währungsreform auch in den Westsektoren der Stadt unternommen, schnitt von Juni 1948 bis Mai 1949 die alte Reichshauptstadt vom Westen ab. Erst am 12. Mai 1949 fuhr der FD 111/112 zwischen Köln und Berlin wieder; ab September kamen weitere Verbindungen mit Hamburg, Köln, Frankfurt am Main und München hinzu. Unten die Einfahrt des ersten wieder »Fliegender Hamburger« genannten Zuges FDt 65/66 in Hamburg Hauptbahnhof am 10. September 1949.

Hier die Ankunft des ersten Schnelltriebwagens aus Berlin auf dem Bahnhof Hamburg-Altona. Darunter der mit einer Dampflok der Reihe 03 beförderte Fernschnellzug FD 111 bei der Einfahrt von Köln in Hannover vor der Weiterfahrt nach Berlin Charlottenburg. Außer diesem ersten Zugpaar liefen von Mai bis September 1949 nur noch drei Zugpaare für die Besatzungsmächte nach Berlin durch.

Allmählich wurden die beruflichen Kontakte zwischen den Eisenbahnern aus dem Osten, deren Verwaltung nach wie vor den Namen »Reichsbahn« führte, und den Eisenbahnern aus dem Westen zwar Gewohnheit, aber von normalen Verhältnissen konnte man noch lange Zeit nicht sprechen. Hier die Übergabe eines Zuges aus Leipzig vom Reichsbahner (links) an den Bundesbahner (rechts) in Bebra; der Zug lief damals noch über Wartha.

BAHNSTEIG 3
ZIGARREN KONFITU

Um die Mitte der fünfziger Jahre wurde die FDt-Verbindung von Berlin nach Hamburg sogar von einem der 1954 in Ungarn erworbenen Züge der Reihe VT 12.14 bedient, die im übrigen auch nach Prag und Brest eingesetzt waren. Aufnahme in Hamburg-Altona.

Unten eine Bahnsteigszene in Helmstedt mit dem eingefahrenen FD 111 von Köln. Das Schild der Wechselstelle läßt daran denken, wie problematisch das Verhältnis zwischen »Ostgeld« und »Westgeld« damals noch war. Aufnahme um 1955.

Helmstedt
H

Der Fernschnellzug 111, den wir links oben noch einmal erblicken, führte Kurswagen von Paris Nord nach Warschau und von Ostende nach Berlin Stadtbahn. Auch die ehemaligen »Ruhrtriebwagen« der Reichsbahn, inzwischen zum Betriebswerk Berlin-Karlshorst umgesetzt, fuhren eine zeitlang das Zugpaar FT 65/66. Hier der Zwischenhalt des Zuges von Berlin um 10.20 Uhr auf dem Bahnhof Büchen.
Und schließlich noch ein Bild des in Berlin angekommenen Interzonenzuges jener Tage kurz vor dem Bahnhof Zoo, links die Gleise der elektrischen Stadtbahn. Im Hintergrund die Ruine der Kaiser-Wilhelm-Gedächtniskirche.

Güterverkehr der Bundesbahn

Zu Beginn der Besatzungszeit bestand ein allgemeines Reiseverbot, doch schon bald führten Erlaubnisse für Berufstätige, sodann die Hamsterfahrten und überhaupt das aufgestaute Reisebedürfnis dazu, daß die Einnahmen der Eisenbahn aus dem Personenverkehr ganz ungewohnt ihre Einnahmen aus dem Güterverkehr – der wegen schwächerer Industrieproduktion vor der Währungreform zurückblieb – weit übertrafen. Erst ab 1948 nahm der Güterverkehr wieder merklich zu.
Unten ein Kesselwagenzug zwischen Eschwege und Eichenberg, rechts eine 44er Güterzugmaschine bei nächtlicher Anfahrt.

44 1678

Ein Güterzug auf dem anstrengenden Weg zur Rendsburger Hochbrücke (unten), dann ein Blick in die Betriebsüberwachung und Oberzugleitung in Wuppertal-Elberfeld (rechts) und die Zugüberwachung in Münster (rechts außen), schließlich der Blick aus der Lokleitung eines Bahnbetriebswerkes: Vier Aspekte des Betriebsdienstes der DB in den fünfziger Jahren.
Bei der Dampflokomotive 50 3165 handelt es sich um die frühere 52 129 mit einem Mischvorwärmer, die erst nach dem Kriege gebaut worden war. Sie war im Raum von Minden und Löhne beheimatet.

Anwesende Dez.
Gültige Betriebsanweisungen

50 3165

Das Bild oben zeigt Verladearbeiten von Stückgut auf einem Güterboden mit Hilfe einer elektrischen Zugmaschine; darunter die Bereitstellung eines Kokszuges für Frankreich in Bochum-Langendreer, davor der Wagenmeister mit seinem langstieligen Hammer.

Als »Osterhas« hat das Personal die Franco-Crosti-Lokomotive 42 9001 wegen ihrer beiden seitlichen Schornsteine gern bezeichnet. Aus diesen Röhren kamen die Abgase nach ihrem Weg durch einen Vorwärmkessel unter dem normalen Kessel der Maschine. Aufnahme in Oberlahnstein am 5. September 1959.

Zwei dicke Fünfkuppler der Bundesbahn, aufgenommen im württembergischen Honau am 22. Juli 1958: Links die 94 112, eine alte Tn, und daneben eine Zahnradlokomotive für die Steilstrecke nach Lichtenstein, die Maschine 97 504 der Gattung Hz.

Die V 200, in den fünfziger Jahren die Bundesbahn-Diesellok schlechthin, darf auf unseren Farbseiten nicht fehlen: Hier schleppt sie den »Blauen Enzian«, gebildet aus dem fünfteiligen Wegmannzug, bei Sterbfritz in der hessischen Rhön. Aufnahme am 17. August 1958.

Die Schnelltriebwagen der Reihe VT 08 gehörten zu den ersten neuen Fahrzeugen, welche die DB in den fünfziger Jahren beschaffte. Hier eine Aufnahme der vierteiligen Garnitur mit den Triebwagen VT 08 512 und 514 am 16. Juni 1958 in Marburg.

Schreibabteil und Zugtelefon gehörten bald zur ständigen Einrichtung der F-Züge; rechts ein Blick in FT 31/32 »Rhein-Main«. Und wen erinnert die Aufnahme daneben nicht ein wenig an Maria Braun aus dem gleichnamigen Film? Rechts unten einer der ersten Einsätze der Diesellokreihe V 200 im F-Zug-Dienst, hier zwischen Dammtor und Sternschanze in Hamburg.

V 200 003

V 200 004
F-Zug Gambrinus
Köln München
5

Drei weitere klangvolle Namen aus der F-Zug-Geschichte bringt diese Doppelseite wieder zum Vorschein: Links der F 33/34 »Gambrinus« von Kiel nach München, wieder mit einer Altonaer V 200, aber bereits aus den neuen langen Wagen bestehend. Aufnahme um 1953. Unten links: »Renate Hoy, Bewerberin für Schönheitskonkurrenz, vor der Abfahrt von Frankfurt/Main«. Welche Gedanken läßt allein dieser Bildtitel zu? Sie wurde »Miss Germany« 1952. Daneben der Blick in ein anderes F-Zug-Abteil des Jahers 1953 mit einem aufmerksamen DSG-Kellner.

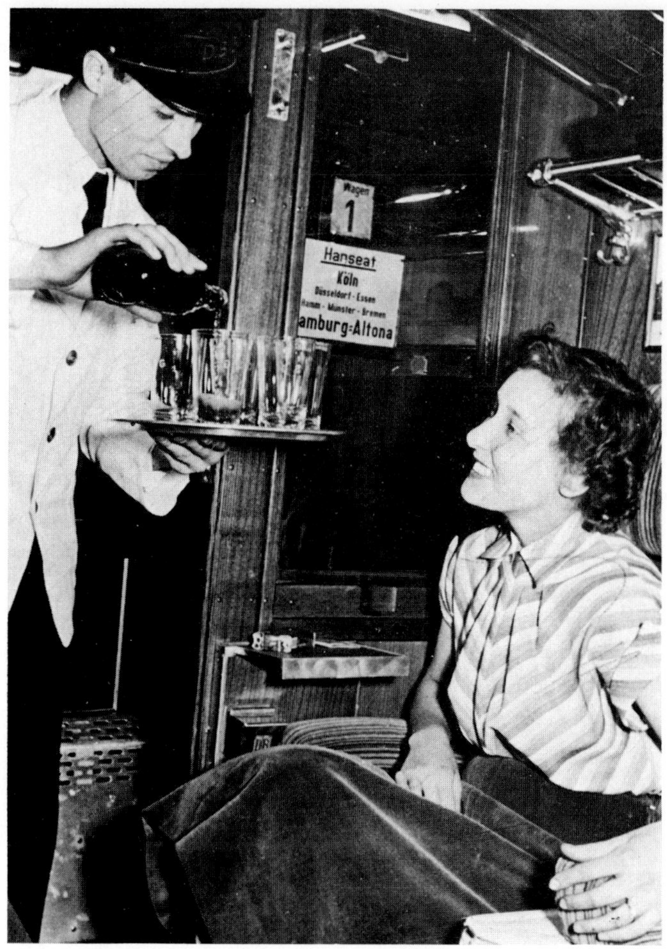

Als es noch keine »Mini-Bar« gab, waren in den F-Zügen solche Bilder an der Tagesordnung. Beide Aufnahmen, auch der Schnappschuß vor dem F-Zug Bonn-Hannover daneben, zeigen älteres Wagenmaterial, das die Bundesbahn damals bei Waggonbaufirmen innerlich neu ausstatten und äußerlich blau lackieren ließ, um in ihrem Spitzenangebot auch Qualität bieten zu können.

Der »Blaue Enzian« ist dafür ein weiteres Beispiel: Hier wurde der Henschel-Wegmann-Zug, der vor dem Kriege zwischen Berlin und Dresden gelaufen war, nach vollkommener innerer Überholung und nach Ausstellung in München 1953 noch eine Reihe von Jahren eingesetzt. Aufnahme rechts in München.

10405 Mü
AB 4üe
2
Blauer Enzian
München
Augsburg·Würzburg·Bebra·Hannover
Hamburg-Altona

Besonderes Kennzeichen des Henschel-Wegmann-Zuges war das – nun vergrößerte – Aussichtsabteil im letzten Wagen; außerdem waren beim Umbau einige Großabteile entstanden, in denen zwei Sessel und ein Tisch (Bild unten links) den Raum aufteilten. Da nur eine solche Garnitur vorhanden war, rüstete die DB für den Gegenzug im Umlauf F 55/56 einen weiteren Wagen mit Aussichtsabteil aus und schuf auch dort Großabteile. Das Bild rechts, etwa 1957 entstanden, zeigt eine Szene an diesem »Gegenzug«.

BLAUER ENZIAN
AW Neuaubing

Der »Rheingold-Express« fährt wieder!

1939 war der Verkehr mit dem legendären alten »Rheingoldzug« zwischen den Niederlanden und der Schweiz eingestellt worden – doch am 20. Mai 1951 war es soweit: Zwischen Hoek von Holland und Basel SBB nahm die Bundesbahn mit dem Zugpaar F 163/164 die alte Tradition einer schnellen und komfortablen Tagesverbindung für den Schweizreisenden wieder auf.

In den Aufnahmen dieser Doppelseite, die in Köln entstanden sind, verdienen nicht nur die eleganten dunkelblauen Wagen mit der stolzen Silberschrift unser Augenmerk: die Uniformen der englischen und französischen Militärs auf dem Bahnsteig, die Mode der sie begleitenden Damen, der Zuglaufanzeiger und das leere Stahlgerippe der Bahnhofshalle gehörten ebenso zum Bild jener frühen Jahre.

Und dann die Fahrgäste des Zuges: Schick wollte man sein, wieder die Welt sehen, Sonnenbrille und Lederhandschuhe tragen – doch in der anderen Hand hing noch die Pappschachtel mit dem Aufdruck »Westburn Golden Syrup«, wenn auch nur bei einer Reisenden vor dem Waggon 3. Klasse. Aufnahme in Koblenz.

Den Speisewagen im »Rheingold« stellte und bewirtschaftete die Internationale Schlafwagen- und Speisewagen-Gesellschaft (ISG), weil der Mitropa-Nachfolgerin DSG noch keine Rechte auf ausländischen Strecken zugestanden waren.

Insgesamt 21 D-Zug-Wagen der letzten Vorkriegslieferungen, »Schürzenwagen«, wegen ihrer windschnittigen Blechverkleidung genannt, ließ die DB für den »Rheingold« bei Waggonfabriken in Kiel und Kassel grundlegend überholen. Eine neue, bequeme Bestuhlung dieser Fahrzeuge war besonders wichtig.

Im F-Zug-Netz der Deutschen Bundesbahn spielten die leichten Dreizylinder-Schnellzugloks der Reihe 03^{10} nur eine vergleichsweise kurze Rolle. Links oben die Dortmunder Maschine 03 1013, schon mit einem neuen Kessel ausgerüstet. Darunter der »Rheingoldzug« F 163 auf seiner ersten Fahrt 1951 bei Bacharach in einer Aufnahme von Carl Bellingrodt; ein Verstärkungswagen läuft hinter der Lokomotive 03 1051.

Unten der Blick auf Fahrgäste, Aufsichtsbeamten und Wagenlaufschilder des prominenten Zuges.

Die »Pazifik«-Lokomotiven der Reihe 03^{10} waren ab 1940 noch mit einer Stromlinienverkleidung geliefert worden, die man in der Kriegs- und Nachkriegszeit bereits wieder entfernt hatte. Mit Rücksicht auf die Stromschale war der Vorwärmer nahe an die oben abgeschnittene Rauchkammertür herangerückt, was den »entkleideten« Maschinen zu Beginn der fünfziger Jahre ein fremdartiges Aussehen gab. Im Bild die Lokomotive 03 1008 vom Betriebswerk Dortmund, einem der Hauptstützpunkte der Gattung. Rechts unten schließlich noch einmal der »Rheingold« in Koblenz; deutlich sichtbar links der ISG-Speisewagen. Die 3. Wagenklasse wurde am 3. Juni 1956 aufgegeben.

03 1008

DEUTSCHE BUNDESBAHN
DEUTSCHE BUNDESBAHN

Zweiter Teil: Eisenbahn und Landschaft

Mit »Reichsbahn und Landschaft« waren früher einmal die eindrucksvollsten Blätter im alten Reichsbahn-Kalender überschrieben, die sich der Darstellung des Zuges in den einzelnen deutschen Regionen gewidmet hatten.
Auch die Fotografen der Bundesbahn, deren Bilder hier gezeigt werden, haben in den fünfziger Jahren noch regelrecht die Strecke abgewandert, um eindrucksvolle Aufnahmen zu gewinnen. In der Rückschau nach fast dreißig Jahren dokumentieren sie nicht nur eine bereits historische Eisenbahn, sondern sie lassen zugleich etwas von der ebenfalls historischen Atmosphäre in den durchfahrenden Landschaften spüren, als es noch hölzerne Telegrafenmasten oder Milchkannen am Bahndamm gab, und als die Flurbereinigung oder der Bau breiterer Straßen doch noch bevorstanden.

Haltepunkt Reinertshof bei Füssen, dahinter Taneller und Gehrenspitze.

Noch von der Wehrmacht war die Reihe V 36 übernommen, aber gerade ihre Ausrüstung mit hochliegenden Führerkanzeln und ihr Einsatz im Wendezugdienst waren typisch für die fünfziger Jahre: Aufnahme der V 36 102 in der Fürther Westvorstadt am 2. Juni 1958.

Die letzte Dampflokomotiv-Entwicklung der Bundesbahn, hier vertreten durch die Maschine 10 001 vom Betriebswerk Bebra, war die Schnellzuglokreihe 10. Aufnahme bei Block Ohl auf der Nord-Süd-Strecke am 17. August 1958.

1. Schleswig-Holstein und Hamburg

Hoch im Norden soll eine Rundreise beginnen, die uns durch das ganze Gebiet der neuen Bundesbahn und der Bundesrepublik führen wird, und die in jedem Bildbeispiel typische Momente aus dem Eisenbahnwesen der fünfziger Jahre präsentiert.

Den Reigen eröffnet ein Kesselwagenzug mit 50er Güterzuglok inmitten der Marschlandschaft bei Meldorf, Strecke Itzehoe – Heide – Husum. Die im Vordergrund lagernden Kühe lassen daran denken, daß zu jener Zeit noch mancher Schnell- und Eilzug einen oder zwei Milchkesselwagen hinter der Lokomotive führte, die dringend in die nächste Großstadt gebracht werden mußten.

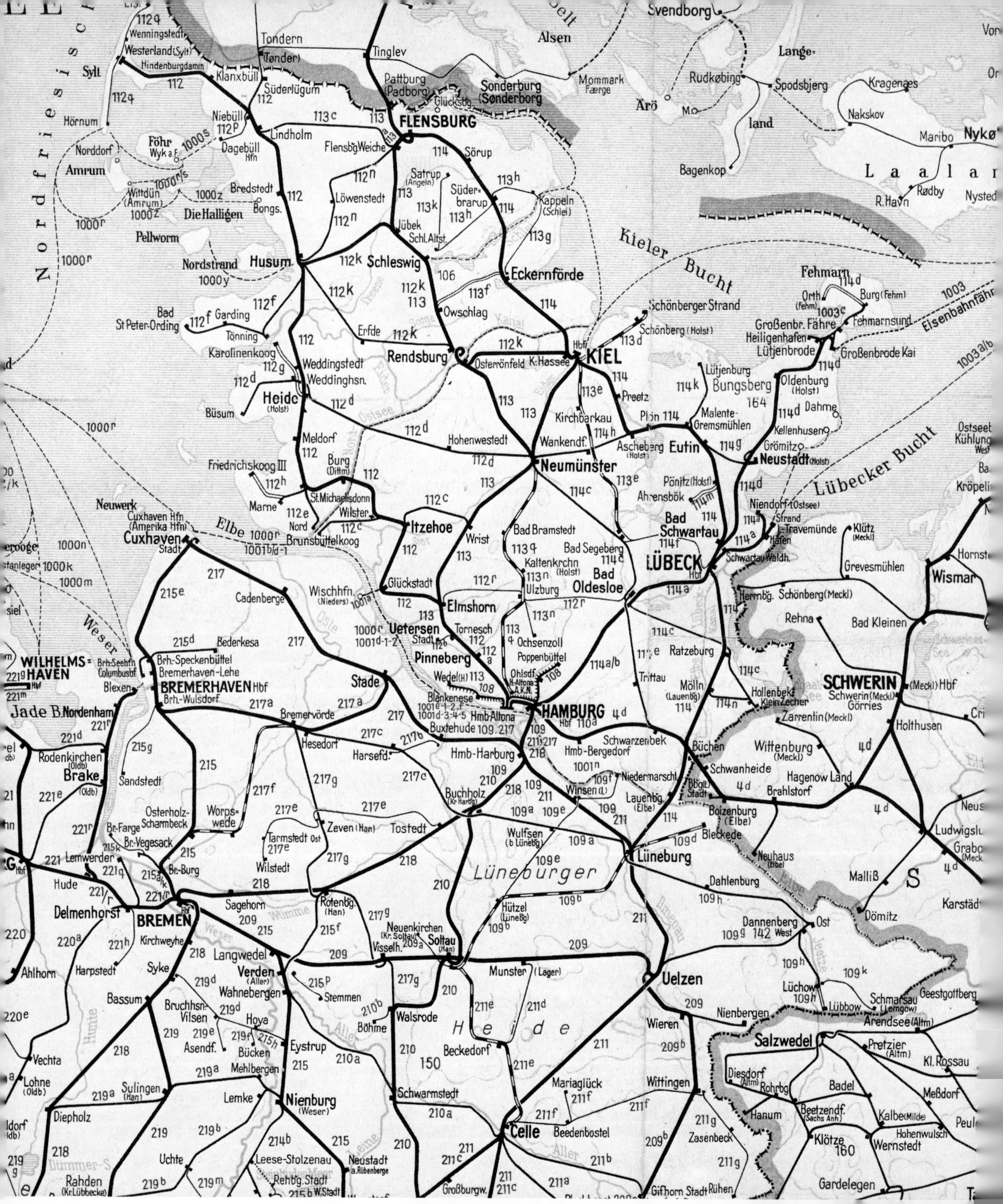

Wenningstedt
Westerland (Sylt)
Hindenburgdamm
Sylt
Tondern
(Tønder)
Tinglev
Svendborg
Alsen
Lange-
land
Klanxbüll
Süderlügum
Pattburg
(Padborg)
Glücksbg.
Sonderburg
(Sønderborg)
Mommark
Færge
Rudkøbing
Spodsbjerg
Kragenaes
Ärö
Nakskov
Maribo
Laaland
Bagenkop
R. Havn
Rødby
Nysted
Hörnum
Niebüll
FLENSBURG
Föhr
Wyk a. F.
Norddorf
Amrum
Lindholm
Dagebüll Hfn
Flensbg. Weiche
Sörup
Satrup (Angeln)
Süderbrarup
Kappeln (Schlei)
Wittdün (Amrum)
Die Halligen
Bredstedt
Bongs.
Löwenstedt
Jübek
Schl. Altst.
Pellworm
Nordfriesische Inseln
Kieler Bucht
Nordstrand
Husum
Schleswig
Eckernförde
Fehmarn
Orth (Fehm)
Burg (Fehm)
Fehmarnsund
Eisenbahnfähre
Bad St Peter-Ording
Garding
Tönning
Owschlag
Schönberger Strand
Schönberg (Holst)
Großenbr. Fähre
Heiligenhafen
Lütjenbrode
Großenbrode Kai
Erfde
Rendsburg
Osterrönfeld
K. Hassee
KIEL
Karolinenkoog
Weddingstedt
Weddinghsn.
Heide (Holst)
Büsum
Lütjenburg
Bungsberg
Oldenburg (Holst)
Preetz
Kirchbarkau
Plön
Malente-Gremsmühlen
Dahme
Kellenhusen
Hohenwestedt
Wankendf.
Ascheberg (Holst)
Eutin
Grömitz
Neustadt (Holst)
Lübecker Bucht
Meldorf
Friedrichskoog III
Burg (Dithm)
Neumünster
Pönitz (Holst)
Ahrensbök
Niendorf (Ostsee)
Strand
L.-Travemünde
Hafen
Klütz (Meckl)
Neuwerk
Cuxhaven Hfn (Amerika Hfn)
Marne
St. Michaelisdonn
Wilster
Itzehoe
Nord
Brunsbüttelkoog
Elbe
Bad Bramstedt
Bad Segeberg
Bad Schwartau
Cuxhaven Stadt
Wrist
Kaltenkrchn (Holst)
Bad Oldesloe
LÜBECK Hbf
Schwartau Waldh.
Grevesmühlen
Wismar
Cadenberge
Wischhfn. (Nieders)
Glückstadt
Ulzburg
Herrnbg.
Schönberg (Meckl)
Rehna
Bad Kleinen
Weser
Bederkesa
Uetersen Stadt
Elmshorn
Tornesch
Ochsenzoll
Poppenbüttel
Ratzeburg
WILHELMSHAVEN
Brh.-Seehfn Columbusbf
Brh.-Speckenbüttel
Bremerhaven-Lehe
BREMERHAVEN Hbf
Brh.-Wulsdorf
Blexen
Pinneberg
Wedel (H)
Ohlsdf.
Trittau
Möllen (Lauenbg.)
Hollenbek
Klein Zecher
SCHWERIN (Meckl) Hbf
Schwerin (Meckl) Görries
Jade B.
Nordenham
Stade
Blankenese
Hmb-Altona
HAMBURG Hbf
Bremervörde
Hesedorf
Harsefd.
Buxtehude
Hmb-Harburg
Hmb-Bergedorf
Schwarzenbek
Büchen
Schwanheide
Zarrentin (Meckl)
Wittenburg (Meckl)
Holthusen
Rodenkirchen (Oldb)
Brake (Oldb)
Sandstedt
Niedermarscht.
Winsen (L)
Hagenow Land
Brahlstorf
Boizenburg (Elbe)
Lauenbg. (Elbe)
Buchholz (Kr Harbg)
Osterholz-Scharmbeck
Worpswede
Tarmstedt Ost
Zeven (Han)
Tostedt
Br.-Farge
Br.-Vegesack
Wilstedt
Wulfsen (b Lünebg)
Bleckede
Ludwigslust
Lemwerder
Br.-Burg
Lüneburg
Neuhaus (Elbe)
Hude
Lüneburger Heide
Malliß
Delmenhorst
BREMEN Hbf
Sagehorn
Rotenbg. (Han)
Hützel (Lünebg)
Dahlenburg
Dömitz
Kirchweyhe
Neuenkirchen (Kr. Soltau)
Soltau (Han)
Dannenberg Ost
West
Ahlhorn
Harpstedt
Syke
Langwedel
Verden (Aller)
Visselh.
Munster (Lager)
Uelzen
Wahnebergen
Stemmen
Lüchow
Lübbow
Schmarsau (Lemgow)
Geestgottberg
Bassum
Bruchhsn-Vilsen
Hoya
Walsrode
Böhme
Nienbergen
Arendsee (Altm)
Bücken
Asendf.
Eystrup
Beckedorf
Wieren
Salzwedel
Pretzier (Altm)
Kl. Rossau
Vechta
Mehlbergen
Heide
Lohne (Oldb)
Sulingen (Han)
Lemke
Nienburg (Weser)
Schwarmstedt
Mariaglück
Wittingen
Diesdorf (Altm)
Rohrbg.
Badel
Meßdorf
Diepholz
Celle
Beedenbostel
Hanum
Beetzendf. (Sachs Anh)
Kalbe (Milde)
Peul
Uchte
Leese-Stolzenau
Neustadt a. Rübenberge
Zasenbeck
Klötze
Hohenwulsch
Wernstedt
Rahden (Kr. Lübbecke)
Rehbg. Stadt
W. Stadt
Großburgw.
Gifhorn Stadt
Rühen
Gardelegen
Dümmer-S.
Aller
Leine
Hunte
Wümme
Oste
Ilmenau
Jeetze
Elde
Steinhuder Meer

Während der Reise sollen uns die Streckenkarten aus dem Bundesbahn-Kursbuch 1957/58, das damals übrigens noch 3,– DM kostete, in loser Folge begleiten, so daß der Leser »mit dem Finger auf der Landkarte« die Route verfolgen kann. Manche Strecke ist seitdem stillgelegt, manche auch deshalb nicht enthalten, weil sie nur Güterverkehr aufweist.
Rechts oben ein Lokwechsel vor dem »Nord-Express« F 11/12 in Flensburg; eine dänische Lokomotive löst die deutsche Maschine 03 200 ab, die während ihrer ganzen Bundesbahn-Karriere bis 1963 in Hamburg-Altona stationiert war. Darunter ein Blick auf die noch recht beschädigte Bahnsteighalle von Kiel, unter deren Gerippe neben der obligaten P 8 eine von zehn Maschinen der Reihe V 80 steht, die Anfang 1952 von Krauss-Maffei und Maschinenbau AG Kiel geliefert worden sind.

»Achtung Autofahrer – Ein besonderes und einmaliges Erlebnis ist eine Fahrt mit ihrem Pkw mit der Deutschen Bundesbahn über den Hindenburgdamm. Sie können während der Überfahrt mit ihren Angehörigen im Fahrzeug sitzenbleiben. Schnellste Abfertigung und Verladung!« So hieß es im Kursbuch von 1953, und der Preis für einen Wagen belief sich auf 16,30 DM für die Fahrt von Niebüll nach Westerland. Pro Person kamen 2,80 DM (Tarif 3. Klasse) hinzu.
Oben ein Hamburger Schnellzug auf dem Damm, rechts oben die klassische Silhouette der Dampflok P 8 mit einer »Donnerbüchse« und den Autotransportwagen eines Sonderzuges, darunter eine Ankunftsszene vom Bahnhof Westerland auf Sylt mit Reichsbahn-Schnellzugwagen links und gar einigen alten »Preußen« rechts.

F
40-3754
AZ-4140

Links noch einmal der Hindenburgdamm, oben bei Ebbe ein Blick auf die Böschung, die in den letzten Jahren durch Basaltsäulen verstärkt worden ist. Darunter ein Blick auf die Verladestelle in Westerland, bei deren Betrachtung einmal mehr die Kraftfahrzeuge der fünfziger Jahre faszinieren: Der VW-Käfer mit der geteilten Heckscheibe ebenso wie der Mercedes 170 mit seinem Ersatzrad im Kofferraumdeckel . . .

Im Bild rechts nun ein Wechsel zur Ostseeküste, nämlich nach dem Hafenbahnhof von Großenbrode Kai, der bis zum Bau der Fehmarnsundbrücke und der Übernahme des Skandinavien-Verkehrs durch Puttgarden eine bedeutsame Rolle für den Reisenden nach Dänemark und Schweden spielte. Hier wurde der »Italien-Skandinavien-Express« verschifft.

Großenbrode, zur Reichsbahnzeit relativ unbedeutend, mußte nach der deutschen Teilung für Westdeutschland die Aufgaben von Rostock und Saßnitz im Eisenbahnbetrieb mit dem Norden übernehmen. Zugleich stand aber fest, daß die schon Jahrzehnte alten Pläne der »Vogelfluglinie« nun endlich ausgeführt werden mußten. So rüstete man die Strekke zum Hafen, hier bei Sierksdorf unweit Neustadt in Holstein, zwar mit Betonschwellen aus, nahm aber vom Bau eines zweiten Gleises von Lübeck her doch Abstand.

Nun zweimal Bremerhaven: Oben die Abfertigung von Schnellzügen am Columbusbahnhof, bei deren Betrachtung deutlich wird, wie sehr seitdem die Rolle der Überseeschiffe sich verkleinert und gewandelt hat, und darunter die Ausfahrt eines mit Fischen beladenen Eilgüterzuges aus dem dortigen Fischereihafen. Die Übergabefahrt wird noch von einer der dicken 94er besorgt, die sich in den Häfen lange hielten.

Der Hamburger Hauptbahnhof, im Dezember 1906 eröffnet, hatte zum Zeitpunkt dieser Luftaufnahme im Jahre 1953 (freigegeben unter Nr. 1369/63 vom Hessischen Minister für Wirtschaft und Verkehr) bereits eine höchst bewegte Geschichte hinter sich. Wer erinnert sich nicht der Fotografien aus den dreißiger Jahren, als ein überdimensionales Hakenkreuz die Fassade bedeckte? Geglättete Trümmerstücke links und rechts der Bahnanlagen deuten darauf hin, wozu das geführt hatte.

Die Südseite des Hauptbahnhofes hat gerade den Bundesbahn-Fotografen Hollnagel immer wieder angezogen, gab sie doch den Blick frei auf einen der Brennpunkte im DB-Streckennetz, dessen Bedeutung durch den angewachsenen Nord-Süd-Verkehr noch zunahm. Hier die Ausfahrt eines Personenzuges nach Buxtehude, geführt durch 03 266.

Die Neuverglasung der Hauptbahnhofshalle in Hamburg verkörpert noch den Wiederaufbau (links), die Einrichtung von Rollfahrplänen (rechts) ist bereits ein Schritt in die Zukunft, der durch den Wunsch bestimmt ist, fortschrittlich zu sein. Die Strecke 211 war damals der Weg von Altona über Celle nach Hannover, die Strecke 202 weiter die Verbindung von Hannover über Göttingen nach Kassel oder Bebra.

Hafenstadt Hamburg – hier die Ausfahrt der Fernzüge in Richtung Hannover und Bremen vor der eindrucksvollen Kulisse der Seeschiffe und der Kräne; rechts dampft die Schnellzuglok 01 222 vom Bahnbetriebswerk Hannover hervor.

Daß die Dampflok-Reihe 41 verschiedentlich im Schnellzugdienst aushelfen mußte, erwähnten wir bereits. Hier die Abfahrt des Schnellzuges D 98 von Westerland über Hamburg und Bremen, Münster, Recklinghausen, Essen, Düsseldorf und Neuss nach Köln, pünktlich um 14.38 Uhr.

Im Hamburger Nahverkehr spielte außer der S-Bahn, über die noch zu sprechen sein wird, besonders die preußische Tenderlok T 18 eine bedeutende Rolle. Hier, im regnerischen Blick auf den Abstellbahnhof, sind allein zwei Vertreterinnen dieser zuverlässigen und beliebten Lokomotivgattung zu sehen, wie sie neue Aufgaben entgegenstreben.

Zwei Momentaufnahmen, die in kurzer Folge nacheinander auf der Südseite des Hamburger Hauptbahnhofes entstanden sind: Zuerst (unten) hat »Ausfahrt frei« ein Schnellzug D 496 von Altona über Bremen, Münster, Recklinghausen, Altenessen und Oberhausen nach Duisburg. Er ist bespannt mit einer 01, die mit Mischvorwärmer ausgerüstet war, wie der Aufbau vor dem Kamin erkennen läßt. Er stand nur als Verstärkungszug, etwa am Wochenende oder zur Ferienzeit, im Fahrplan, während der danach auslaufende Zug D 96 (rechts) mit der Lokomotive 03 197 vom Betriebswerk Osnabrück den Regeldienst wahrnahm. Dieser Zug, der eine Zeitlang aus »modernen Leichtbauwagen« gebildet war, lief bis Essen-Altenessen den gleichen Weg, dann aber über Oberhausen und Düsseldorf nach Köln weiter.

Die »elektrische S-Bahn«, wie sie damals in den Fahrplanblättern noch hieß, war und ist ein besonderes Kennzeichen der Hansestadt, weil – außer in Berlin – nirgendwo sonst die Stadtschnellbahn über einen so strikt vom Fernverkehr getrennten Gleiskörper und auch über ein eigenes Stromsystem verfügte. Im Bild unten ist rechts ein Zug nach Poppenbüttel eingelaufen, während links die Fahrgäste auf ihren Anschluß nach Sülldorf warten.

Umsteigeverkehr in Sülldorf, als die elektrische S-Bahn zwischen 1950 und 1954 noch dort endete und die Weiterbeförderung nach Wedel in Holstein per Abteilwagen erfolgte. Die Wagenaufschrift mit der 3. Klasse läßt ebenfalls erkennen, wann die Aufnahme entstanden ist. Bei Betrachtung der Triebwagen-Zugläufe ist beachtlich, daß diese zweimal, nämlich in Altona und in Blankenese, »Kopf machten« und die Fahrtrichtung änderten.

Mit einem »letzten Winken« wollen auch wir uns vom Hauptbahnhof Hamburg verabschieden (oben) und uns der Stadtbahnstrecke nach Altona zuwenden. Die Aufnahme rechts entstand zwischen dem Hauptbahnhof und dem Dammtorbahnhof; sie zeigt einen schweren Schnellzug mit der Lokomotive 03 1049 vom Betriebswerk Altona in winterlicher Umgebung.

BAHNSTEIG 4
BAHNSTEIG
AUSKUNFT

Weihnachtliche Atmosphäre im Hauptbahnhof Altona (ganz links), in dessen vor kurzem abgerissenen Hallen gerade die Schnellzuglok 01 001 vom Betriebswerk Hamm eingelaufen ist. Diese »Seniorin« unter den deutschen Schnellzuglokomotiven wurde am 1. November 1958 aus dem Betrieb genommen; auch dies ein Symbol für die Veränderungen der Bundesbahnzeit . . .

Auf dieser Seite eine Szene vor der Abfahrt von Personenzügen nach Soltau (linkes Gleis) und Uelzen (rechtes Gleis).

91 819

Rangierdienst in Norddeutschland illustrieren die Bilder auf beiden Seiten: Links oben Altona im Winter mit drei alten Preußen (T 12, G 8^1), darunter ein Blick auf die Drehscheibe im Verschiebebahnhof von Bremen mit einer kleinen T 9^3, auch einer vergessenen Lokomotivtype. Auf dieser Seite der Ablaufberg in Hamburg-Wilhelmsburg mit zwei doppelten Kreuzungsweichen; hier hatte die Gattung T 16 ihr Revier, dann die 82.

Winteraufnahmen aus dem Hamburger Bezirk beherrschen diese Doppelseite: Links ein Bild »Im Novembernebel« bei Rotenburg, rechts ein Foto vom Schnellzug bei Friedrichsruh im Sachsenwald unter dem Thema »Winter in Schleswig-Holstein«. Darunter die unverwechselbare Silhouette einer preußischen G 8^2, ebenfalls bei Friedrichsruh.

Auch ein Güterzug bei Harburg wird von der Lokomotivreihe 56^{20} geführt, deren vier Kuppelachsen im Flachland auch für schwerste Güterzüge meist noch ausreichten. Auffällig die Gaslaternen der Maschine.

Rechts ein Schnellzug mit 03-Lokomotive zwischen Hamburg und Lüneburg, bei dem besonders die Wagengarnitur zu Bemerkungen einlädt: ein preußischer Packwagen, dann ein »Schürzenwagen« der dreißiger Jahre, endlich ein paar unauffällige Reisezugwagen. Das waren die Schnellzüge . . .

2. Von Hannover nach dem Ruhrgebiet

Ein paar Jahre später, wieder auf der Strecke von Hamburg nach Hannover: Unten ein Blick aus dem Führerstand des Schienenbusses auf einen begegnenden Schnellzug, der nun schon ein wenig aufgeräumter daherkommt. Rechts die Streckenkarte (Winter 1957/58) unserer nächsten Schritte, die uns erst in den Harz und sodann über das östliche Westfalen nach dem Ruhrgebiet führen werden. In der Karte sind nicht nur die Strecken bemerkenswert, die heute nicht mehr befahren werden, sondern ebenso die Tatsache, daß noch keine einzige Linie elektrifiziert war, weil man sich mit dieser Umstellung zunächst auf die Bahnen im Gebirge und im Hügelland konzentrierte. Ausgenommen sind nur einige Privatbahnen.

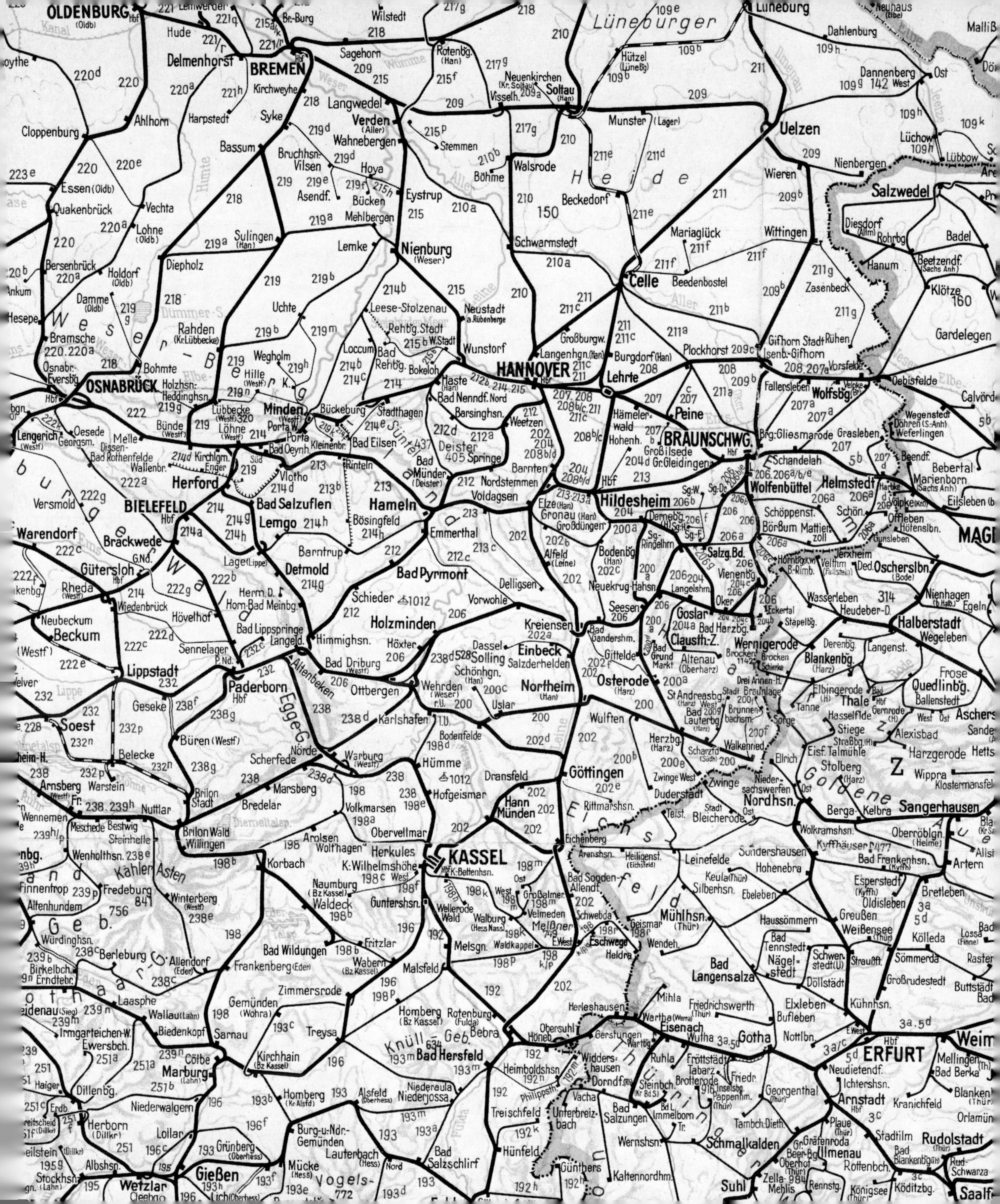

OLDENBURG
BREMEN
Delmenhorst
Lüneburg
Lüneburger Heide
Uelzen
Salzwedel
Soltau
Verden
Nienburg
Celle
HANNOVER
Lehrte
Peine
BRAUNSCHWG.
Wolfsbg.
Wolfenbüttel
Helmstedt
Hildesheim
OSNABRÜCK
Minden
Herford
BIELEFELD
Hameln
Detmold
Lemgo
Gütersloh
Warendorf
Beckum
Lippstadt
Paderborn
Soest
Arnsberg
Holzminden
Bad Pyrmont
Einbeck
Northeim
Göttingen
Goslar
Wernigerode
Halberstadt
Quedlinbg.
Sangerhausen
Nordhsn.
KASSEL
Hann Münden
Eschwege
Mühlhsn.
Bad Langensalza
Eisenach
Gotha
ERFURT
Arnstadt
Ilmenau
Rudolstadt
Schmalkalden
Suhl
Bad Hersfeld
Marburg
Gießen
Wetzlar
Herborn
Fulda
Harz
Eichsfeld
Thüringen
Kahler Asten
Vogels-

Zwischen Buchholz und Soltau in der Nordheide liegt Schneverdingen, in dessen Bahnhof soeben ein Triebwagenzug aus Motorwagen VT 70 und Beiwagen VB 147 eingelaufen ist. Er soll die Ausflügler in die Großstadt zurückbringen. Eindrucksvoll der frische weinrot-silberne Anstrich der Fahrzeuge.

Auf der Seite rechts ein Blick zur Abfahrtstafel im Hauptbahnhof Hannover, die sowohl hinsichtlich der angezeigten Strecken wie hinsichtlich der gebotenen Zugdichte zum Grübeln einlädt . . .

ABFAHRT DER ZÜGE IN RICHTUNG
Minden
Hamburg
Bremen
Göttingen
Braunschweig
Wolfsburg
Hameln
Goslar
Wunstorf
Lehrte
Wolfsburg-Leipzig
Soltau
Braunschweig-Berlin
-AUGUST-PLATZ
Mellendorf
Elze (Han)

Blauer Enzian
Hamburg-Altona
Hannover-Fulda-Würzburg-Augsburg
DIE WELT

Links abermals der »Blaue Enzian«, nun gegen Ende der fünfziger Jahre mit neuem Wagenmaterial und in Hannover aufgenommmen; auf dieser Seite oben ein Personenzug bei Wesseln vor Hildesheim, darunter das Volkswagenwerk Wolfsburg mit einem startklaren Transportzug um 1950.

Der Bahnhof von Altenau im Harz und die dorthin führende Strecke von Goslar haben in den letzten Jahren intensiv die Gemüter bewegt, weil die Betriebseinstellung der DB auf landschaftlich reizvoller Linie auch dem Fremdenverkehr manche Einbuße bringen mußte. Hier zwei Aufnahmen vom Winterverkehr in den fünfziger Jahren: Links eine Tenderlok T 14[1] vor dem sonntäglichen Wintersportzug nach Hannover, daneben abgestellt ein Behelfswagen aus der Kriegszeit. Rechts im Bild die Ankunft dieses Zuges in Altenau am Vormittag.

Ausgang

Ausgang

Nochmals zwei Fotografien von dem schönen Bahnhof in Altenau mit seinen uns so malerisch erscheinenden Eiszapfen und Schneewehen, etwa zur gleichen Zeit aufgenommen wie das Bild von Seite 156. Weniger beliebt war der Winterdienst bei den Eisenbahnern vom Bahnbetriebswerk Goslar, zu dem die Lokomotive damals gehörte. Den regelmäßigen Dienst auf der Strecke übernehmen bald Schienenbusse, und nur für den Ansturm der Reisenden mit Schlitten und Schiern setzte man noch einen solchen Zug ein.

Damals bestand auch, freilich nur als Sonderzug bei entsprechendem Wetter, eine direkte Verbindung zwischen Hamburg und Altenau, der man den Namen »Harzer Roller« beigelegt hatte. Hier eine Aufnahme vor der nachmittäglichen Rückfahrt des VT 33 106 nach der Hansestadt.

Rechts ein Streckenposten bei Steinheim zwischen Hannover und Altenbeken mit vorüberfahrendem Personenzug. Eisenbahnschwellen sind als Fußplatten vor der Bude verlegt.

Nun zwei stimmungsvolle Bilder vom Dampflok-Einsatz im Raum zwischen Weserbergland und Teutoburger Wald. Links ein Personenzug von Lippstadt nach Münster, geführt von einer 24er Lokomotive, aufgenommen etwa 1953. Unten ein Eilzug zwischen Löhne und Hildesheim im Winter, befördert von der Lok 01 188. Beide Lokomotiven tragen noch ihre großen Windleitbleche.

Die Streckenkarte rechts soll unsere nächsten Schritte in Richtung auf das rheinisch-westfälische Industriegebiet vorbereiten, doch werden zuvor erst einige Abstecher ins westliche Norddeutschland eingelegt. Wer würde nicht gern noch einmal mit den Schlittschuhläufern auf dem Bild oben tauschen, die sich so garnichts aus der P 8 vor dem Abteilwagenzug von Altenbeken nach Düsseldorf zu machen scheinen? Aufnahme zwischen Lippstadt und Soest.

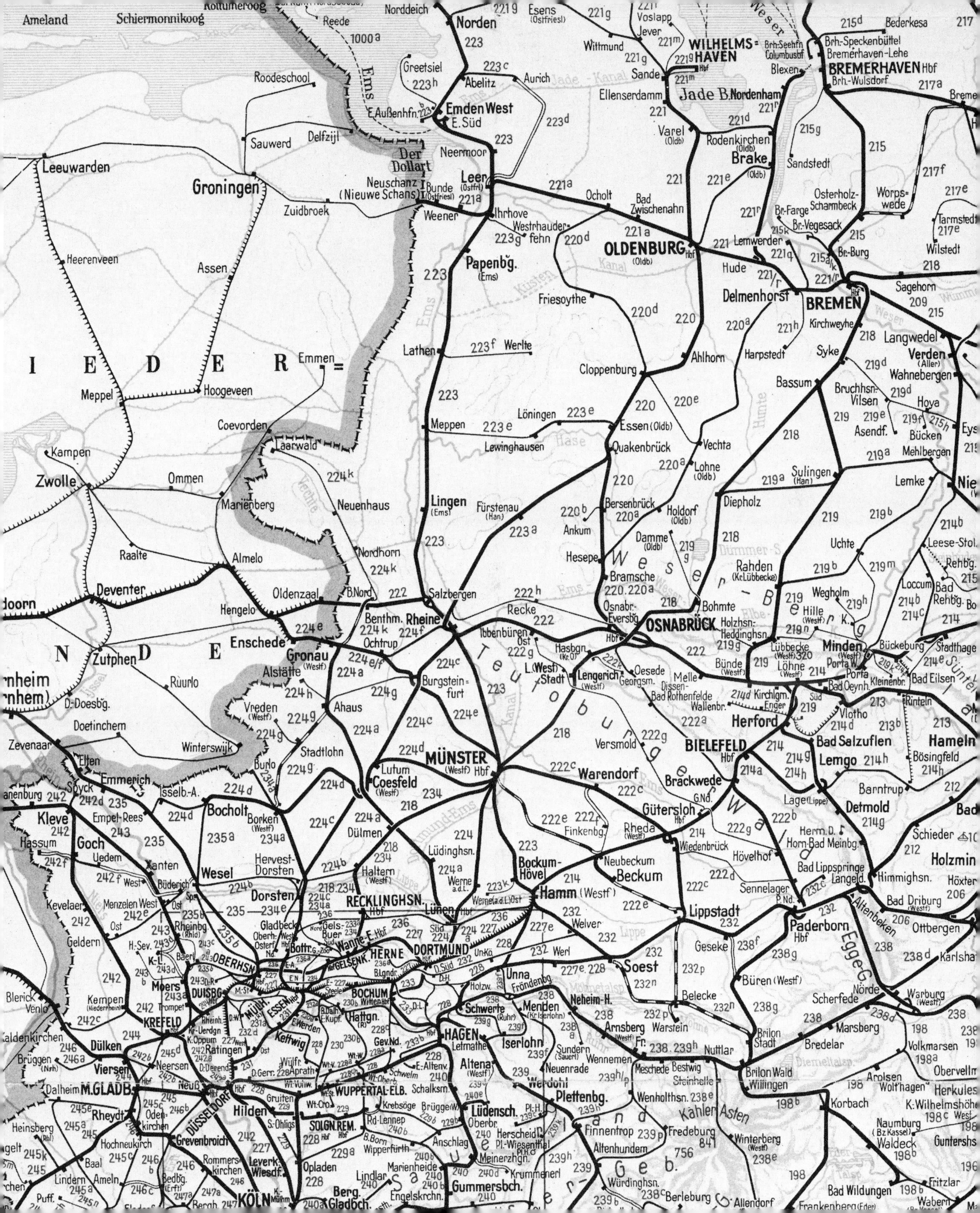

Ameland
Schiermonnikoog
Norddeich
Norden
Esens
Wittmund
Jever
WILHELMSHAVEN
Bederkesa
BREMERHAVEN
Greetsiel
Aurich
Emden West
Roodeschool
Delfzijl
Sauwerd
Der Dollart
Leeuwarden
Groningen
Neuschanz (Nieuwe Schans)
Bunde
Leer
Weener
Ihrhove
Ocholt
Bad Zwischenahn
OLDENBURG
Varel
Brake
Nordenham
Heerenveen
Assen
Papenbg.
Friesoythe
Delmenhorst
BREMEN
Sagehorn
Lathen
Werlte
Emmen
Hoogeveen
Meppel
Cloppenburg
Ahlhorn
Harpstedt
Bassum
Syke
Langwedel
Verden
Meppen
Löningen
Essen (Oldb)
Quakenbrück
Vechta
Coevorden
Kampen
Zwolle
Ommen
Marienberg
Neuenhaus
Lingen
Fürstenau
Ankum
Bersenbrück
Damme
Diepholz
Sulingen
Almelo
Raalte
Nordhorn
Deventer
Hengelo
Oldenzaal
Salzbergen
Rheine
Bramsche
OSNABRÜCK
Rahden
Minden
Enschede
Gronau
Ochtrup
Zutphen
Burgsteinfurt
Lengerich
Melle
Bünde
Herford
Vreden
Ahaus
Doetinchem
Winterswijk
Stadtlohn
Coesfeld
MÜNSTER
Warendorf
BIELEFELD
Bad Salzuflen
Lemgo
Hameln
Emmerich
Bocholt
Borken
Dülmen
Gütersloh
Detmold
Kleve
Goch
Wesel
Dorsten
Haltern
Lüdinghsn.
Werne
Hamm
Beckum
Lippstadt
Paderborn
Holzminden
RECKLINGHSN.
Lünen
Soest
DORTMUND
HERNE
OBERHSN.
DUISBG.
Moers
BOCHUM
Unna
Geldern
Kempen
KREFELD
Venlo
Viersen
Dülken
ESSEN
Hattgn.
HAGEN
Iserlohn
Arnsberg
Neheim-H.
Brilon Stadt
Marsberg
Warburg
M.GLADB.
Rheydt
DÜSSELDORF
Hilden
WUPPERTAL-ELB.
SOLGN. REM.
Lüdensch.
Plettenbg.
Meschede
Winterberg
Korbach
Grevenbroich
Leverk.-Wiesdf.
Opladen
Gummersbch.
Berg. Gladbch.
KÖLN
Kahler Asten
Bad Wildungen
Teutoburger Wald
Wiehengebirge
Sauerland

Nur von Personenzügen war die eingleisige Strecke Osnabrück – Bielefeld ab Brackwede befahren. Hier ein malerischer, von einer T 14 munter vorangezogener Donnerbüchsen-Express zwischen Hilter und Hankenberge am Rande des Teutoburger Waldes.

Ein Kesselwagenzug auf der langen Abfuhrstrecke Hamm – Emden, wohl der bedeutendsten Verbindung zwischen dem Ruhrgebiet und der Nordsee, aufgenommen, als es noch kaum Pipelines gab. Die fast senkrecht aufsteigende Rauchsäule der Lokomotive läßt erkennen, daß sich der schwere Zug nur langsam in Gang bringen läßt; möglicherweise handelt es sich auch um die Rangierfahrt auf einem Anschlußgleis an der Strecke.

»Trans-Europ-Express« war ein Zauberwort, das ab 1957 für die Spitzenzüge der Bahnen eingeführt wurde. Ohne Kurswagen und ohne Aufenthalt an den Grenzen, nur mit Plätzen 1. Klasse, mit Klimatisierung und Barwagen – das waren einige Argumente der Werbung, zu deren Realisierung die Bundesbahn den Triebzug VT 11 bauen ließ. Sieben Züge wurden zunächst bei M.A.N., Wegmann und Linke-Hofmann-Busch bestellt, zugleich plante man entsprechende Schlafwagenzüge und auch eine elektrisch angetriebene Version, die aber beide nicht ausgeführt wurden. »Größte zulässige Geschwindigkeit 140 km/h« steht sachlich auf dem Schild im Führerstand des VT 11, auf den man rechtschaffen stolz sein konnte. Unten ein Blick in den Speisewagen des TEE, in dem gleichfalls noch Stewardessen tätig waren.

Einige Verbindungen des TEE-Zug-Netzes wurden aus dem bisherigen F-Zug-Netz übernommen, andere neu eingeführt. So etwa der TEE 155/190 »Parsifal«, der 1957 und 1958 zwischen Paris und Dortmund, 1958 dann nach Düsseldorf und 1960 zwischen Paris und Hamburg über Köln, Essen und Münster verkehrte. Hier eine Aufnahme der »klassischen« siebenteiligen Einheit im Hauptbahnhof von Münster, die auch den Anlaß zur Wiedergabe der beiden Bilder auf der gegenüberliegenden Seite geliefert hat.

Groß ist die Zahl der Verschiebebahnhöfe im Ruhrgebiet selbst und an seinem Rande, weil Bedienung und Versand der Industrie zu erheblichen Teilen über die Schiene laufen. Unten der Umfang und Zustand der dem Personenverkehr dienenden Strecken 1957/58, wobei besonders die Elektrifizierung zwischen Düsseldorf und Hamm unser Augenmerk verdient.

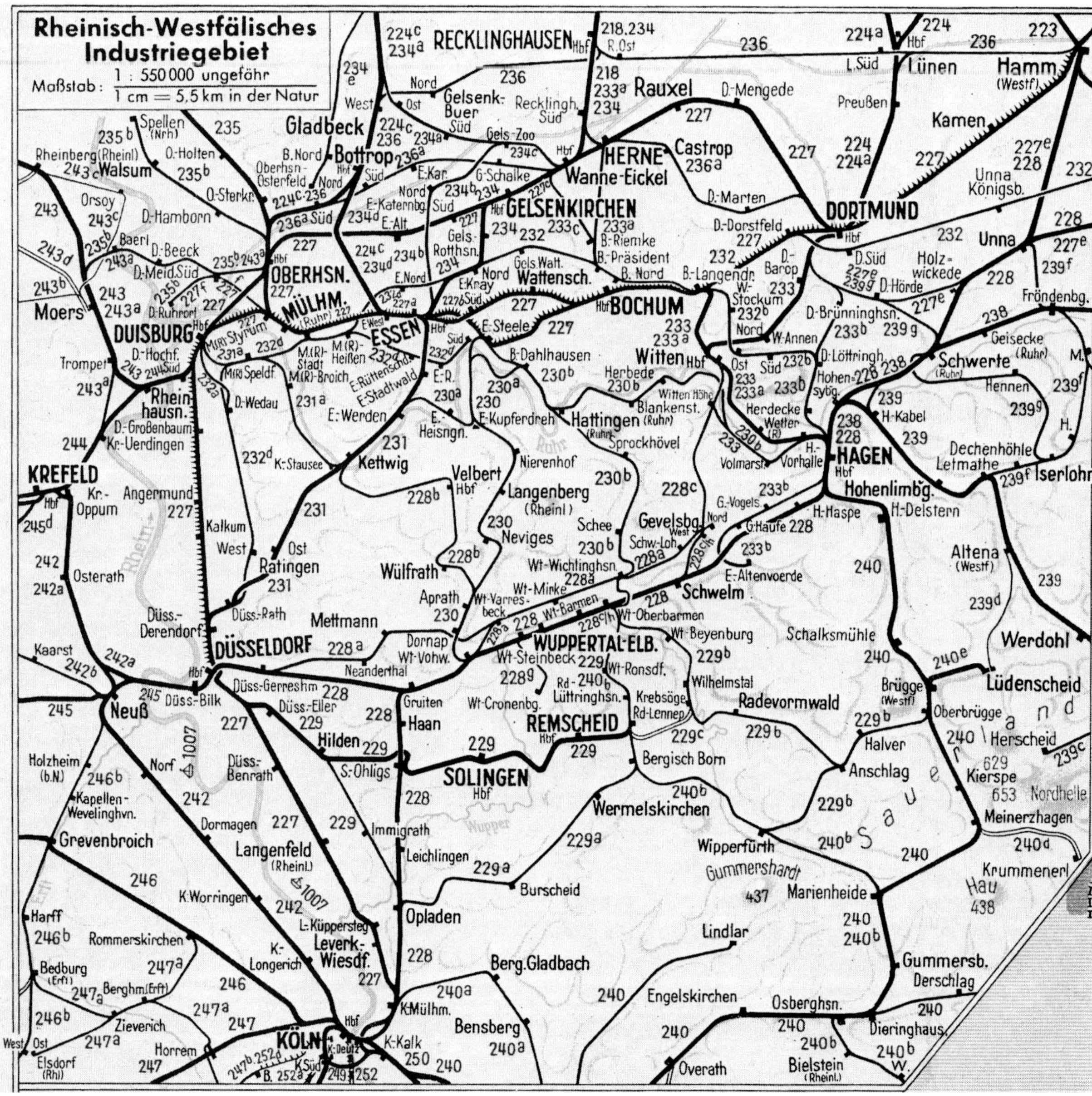

Sodann ein Blick auf den Ablaufberg von Hamm in Westfalen. Einige Güterwagen rollen gerade vom »Eselsrücken« ab, während die T 16[1] zwei Waggons mit empfindlichem Ladegut direkt rangieren muß.

Abendstimmung im Abstellbahnhof Essen-Waldhausen: was zunächst wie ein Fahrdraht der Oberleitung aussieht, entpuppt sich bald als Tragwerk der Arbeitsbeleuchtung für Wagenputzer und Kontrolleure. Und nur ein Wagen ist ein »Bundesbahner«, während die Abteilwagen ringsum den Umbau zum Typ 3 yge noch vor sich haben.

Der Ablaufberg von Oberhausen-Osterfeld Süd (oben) und eine Aufnahme mit dem Titel »23.40 Uhr« sollen die Nachtstimmung am Schienenstrang, wie sie etwa in den fünfziger Jahren wahrzunehmen war, ein wenig vertiefen.

Nun also Düsseldorf Hauptbahnhof: Der von 1932 bis 1934 errichtete Neubau kann noch heute durch seine Modernität anziehen und abschrecken. Hier übernahmen bald nach der Elektrifizierung die Triebwagen der Reihe ET 30 den Nah- und Bezirksverkehr, der in der Zukunft auf die »S-Bahn Rhein-Ruhr-Wupper« übergehen wird.

Ab Dezember 1957 wurde der F 31/32, nun TEE 31/32 »Rhein-Main«, der von Frankfurt über Mainz, Köln und Emmerich nach Amsterdam verkehrte, durch den Triebwagen VT 11 gebildet. Hier die Abfahrtszene in Düsseldorf, in der ein Aufsichtsbeamter sich zum Lokführer reckt, um trotz der brummenden Motoren noch etwas zu verstehen.

Güterabfertigung Düsseldorf, etwa 1950 aufgenommen, wie die Ruinen im Hintergrund und die Wagenbeschriftung links erkennen lassen.

Die Sonnborner Brücke in Wuppertal: unten die Fahrbahn der Schwebebahn, oben ein Leichtschnellzug der Bundesbahn mit Diesellokomotive V 200.

Nacht über dem Bahnhof von Wuppertal-Oberbarmen. Ein Güterzug wartet auf sein Ausfahrsignal; eindrucksvoll auch die Umrisse der beiden Stellwerke.

Zwei Winteraufnahmen aus dem Rheinland: Oben ein Schnellzug auf der Strecke Wuppertal-Köln bei Gruiten, noch ganz aus altem Wagenmaterial gebildet, ein authentischer Reichsbahnzug bis hin zu den Oberwagenlaternen.

Rechts die Ausfahrt des Hauptbahnhofes Köln mit dem Dom im Hintergrund, aufgenommen also von der Hohenzollernbrücke. Da stehen abfahrbereit von links nach rechts eine 03, eine 62er und auch eine P 8, also fast falles, was das Herz des Eisenbahnfreundes damals so begehrte . . .

In der dampfgeschwängerten Atmosphäre im Bild links läßt sich kaum erkennen, daß eine 23er Lokomotive zur Fahrt über die Hohenzollernbrücke und weiter ins Sauerland ansetzt, doch das Reiterstandbild im Dunst macht die Identifikation schon etwas leichter.

Unten der Hauptbahnhof Köln aus der Vogelperspektive. Gut läßt sich erkennen, daß lange Zeit nur die »bergseitigen« Bögen mit zwei Gleisen befahrbar waren, während die Straßenbrücke und das zweite Gleispaar noch fehlten. Die Turmruinen an der Brücke wurden 1956 abgetragen.

Reisestimmung auf dem Kölner Hauptbahnhof; Abfahrt eines Schnellzuges mit Wagen nach Basel und München. Nicht nur der neue lange Wagen, sondern ebenso die Bundeswehr-Uniform auf dem Bahnsteig läßt erkennen, daß dieses Bild am Ende der fünfziger Jahre entstanden ist.

Blick auf Köln-Gereon und das Bahnbetriebswerk mit seinen zahllosen Dampflokomotiven, davor einfahrend ein internationaler Schnellzug, nun wieder in den frühen fünfziger Jahren. Der Abriß des gewaltigen Kohlenbunkers im Hintergrund, so wird berichtet, hat die Bundesbahn mehr Geld gekostet als die Reichsbahn früher sein Aufbau.

Im Mai 1950 wurden in Köln neue »ferngesteuerte Fahrtrichtungsanzeiger« in Betrieb genommen, wie wir sie bereits auf den Seiten 110 und 111 gesehen haben. Ein wenig überladen wollen sie uns schon erscheinen, sollten doch in den seitlichen Kästen sogar Betriebsaufträge signalisiert werden.

Unten winterliche Räumarbeiten auf dem verschneiten Betriebsbahnhof von Köln, wieder mit Sicht auf den großen Kohlenbunker.

Blick aus dem fahrenden Zug auf den Güterbahnhof Gereon, bereits im Zustand nach Elektrifizierung. Das »Klosterfrau-Haus« und der Dom bilden zwei markante Punkte auf dem Rundkurs, den die Bahn durch die Stadt am Rhein beschreibt.

Der Güterbahnhof Gremberg galt für einige Zeit als der modernste Verschiebebahnhof der Bundesbahn. Oben eine Nachtaufnahme der mit Betonschwellen ausgerüsteten Gleisanlagen, rechts ein Stimmungsbild aus dem zugehörigen Bahnbetriebswerk mit einer preußischen Güterzuglokomotive am linken Bildrand und ihrer Reichsbahn-Nachfolgerin auf der Drehscheibe.

ZEISS
UMBRAL
Sport
Sonnenschutzbrille
nur beim Fachoptiker
erhältlich

3. Durch die Eifel an den Rhein

Mit dieser Kapitelüberschrift sind die nächsten Schritte ab Köln südwärts angekündigt, die uns durch romantische und dem Eisenbahnfreund wohlvertraute Gegenden bringen werden. Links die Streckenkarte von Eifel, Hunsrück und Rheintal, unten der mit einer P 10 dahinjagende Morgenschnellzug von Köln nach Saarbrücken vor dem Kalksteinwerk in Sötenich.

Sodann unten ein Güterzug mit Dampflok der Baureihe 50 auf der Eifelstrecke Köln-Trier bei Blankenheim, und rechts der »Flitsch«, der Bummelzug zwischen Kall und Hellenthal, der seinen Weg in Olef auch über die Straße nahm. Die Reklametafeln am Friseurgeschäft rechts verkörpern ebenso eine vergangene Zeit wie die Dampflokomotive.

56 406

Ein weiterer Spitzname der Gegend: Links die »Bunte Kuh«, der Personenzug auf der Ahrstrecke von Remagen nach Blankenheim in der Eifel, etwa 1950. Ihr Abschnitt von Ahrdorf über Mülheim nach Blankenheim wurde schon in den fünfziger Jahren allmählich stillgelegt. Zuglok der Reihe 64.

Nun zur Rheinstrecke: Unten ein Schnellzug des Jahres 1950 in St. Goar, bespannt wieder mit einer P 8. Welch eine Zugkomposition!

Nun schon eine moderne Lokomotive, nämlich die 23 020 vom Bahnbetriebswerk Mainz, vor dem Personenzug P 1231 in St. Goar bei der Fahrt in Richtung Koblenz. Ein Blick auf den Wagenpark lohnt sich. 1958 wurde diese Rheinstrecke elektrifiziert.

»Loreley-Express« und »Rheingold-Express« hatten zu Anfang der fünfziger Jahre vorübergehend eine gemeinsame Geschichte, als nämlich die dreiklassige Verbindung 1953 zwischen Hoek van Holland und Basel als F 163/164 den zuerst genannten Namen annahm und der »Rheingold« F 9/10, allein mit der alten 1. und 2. Klasse, erheblich beschleunigt wurde. Beide Züge hatten den gleichen Schiffsanschluß von und nach Harwich oder London. Hier nun zwei Bilder davon, wie der »Loreley-Express« in St. Goar durchbraust. Zuglokomotive der Reihe 03^{10}.

Nicht immer war eine so hochkarätige Zuglokomotive zur Stelle wie in den Aufnahmen der Seite 195. Links ein Blick auf den »Loreley-Express« in Bingen, geschleppt von der 03 281.

Unten zwei Innenaufnahmen aus dem Zug, die nicht nur das Wagenmaterial dokumentieren sollen, sondern ebenso ein wenig von den Fahrgästen jener Jahre berichten können. Links ein Abteil der alten 2. Klasse, daneben die Sofarollen der damaligen 1. Klasse. Mit der Beschaffung neuer F-Zug-Wagen ab 1955 ging diese Plüschepoche zur Neige.

Links oben der Seitengang eines solchen F-Zug-Wagens, wie ihn die Bundesbahn herrichten ließ; insgesamt nur etwa hundert Fahrzeuge. Rechts die Sitze im 2.-Klasse-Abteil des »Loreley-Express.«

Nachdem 1955 die DSG wieder den Speisewagen im »Loreley-Express« stellen konnte, konnten im Zug solche Aufnahmen entstehen: Anzugmode, Frisuren, Reklamen sprechen ihre eigene Sprache.

Nun noch eine Aufnahme der linken Rheinstrecke nach ihrer Elektrifizierung 1958: Hier ein Schnellzug mit gemischter Wagengarnitur und Zuglok der Reihe E 10 am Ochsenturm bei Oberwesel auf der Fahrt von Koblenz nach Mainz.

Bingerbrück, an der Mündung der Nahe in den Rhein gelegen, hat über Jahrzehnte eine bedeutende Rolle als Stadt der Eisenbahn und der Eisenbahner gespielt, nahm doch das Betriebswerk, dessen Rundschuppen wir links sehen, in der Zugförderung der Flußtäler bedeutsame Aufgaben wahr. Eines Tages machte der Traktionswandel diese Dienststelle überflüssig.

Auf der Seite gegenüber ein Blick auf die rechte Rheinstrecke, über die wir allmählich an den Rand des Ruhrgebietes norwärts zurückkehren wollen. Das Bild zeigt einen Kohlenzug zu einer Zeit, als die Rheinschiffahrt wegen Eisgangs ruhen mußte, bei St. Goarshausen. Neben der Strecke ein verschneites Läutewerk, ebenfalls ein Relikt der alten Zeit.

Nochmals der Rhein bei St. Goarshausen; Blick von der Loreley. Ein Dampfzug pustet in Richtung Rüdesheim und Wiesbaden voran, die Schiffahrt liegt still. Diese Strecke wurde am 1. Oktober 1961 auf elektrischen Betrieb umgestellt.

Nun ein Bild von den Weingärten zwischen St. Goarshausen und Kaub im Frühjahr; den Güterzug führt die Dampflok 41 366. Auch die Telegrafenmasten, die so manches zum Reiz der Eisenbahnstrecke in der Landschaft beigetragen haben, verschwanden mit der Elektrifizierung.

»Frühling an der Eisenbahnstrecke«, hier zweimal am Rhein zwischen St. Goarshausen und Braubach. Unten ein Schrankenposten, bei dem Läutewerk und Fahrrad einer vergangenen Ära anzugehören scheinen, rechts eine 50er der späten Lieferungen, vermutlich aus Oberlahnstein.

50 3092

Auch das Reichsbahn-Flügelsignal wird inzwischen immer seltener. Die Frühlingsaufnahme entstand gleichfalls bei St. Goarshausen. Auf der rechten Seite oben ein Blick über die Bahnhofsterrasse in Rüdesheim mit einem durchfahrenden Güterzug; darunter die typische Schrankenwärterbude aus Wellblech in Rhöndorf, also einem Ort von gewisser Bedeutung für die Geschichte der Bundesrepublik.

42

Über Rhöndorf nach dem Rand des Ruhrgebiets zurückgekehrt, wollen wir uns von Hagen durch das Sauerland und das Siegerland ein weiteres Mal gen Süden begeben. Hier ein Panorama des Hauptbahnhofes Hagen, gesehen aus östlicher Richtung: Links zwei ausfahrende Dampfzüge mit Lokomotiven der Reihen 23 und 01^{10}, in der Bildmitte einlaufend eine lange Garnitur von Eilzugwagen. Weitere Dampfloks rangieren.

HAGEN
Iserlohn
Arnsberg
Warstein
Göttingen
Dransfeld
Hofgeismar
Hann Münden
Duderstadt
Nordhsn.
Altena
Plettenbg.
Werdohl
Lüdensch.
Gummersbch.
Brilon Stadt
Marsberg
Volkmarsen
KASSEL
Eichenberg
Bleicherode
Arolsen
Wolfhagen
Korbach
Winterberg
Kahler Asten
Fredeburg
Naumburg
Waldeck
Bad Wildungen
Fritzlar
Melsgn.
Eschwege
Heiligenst.
Leinefelde
Sondershausen
Mühlhsn.
Bad Langensalza
Berleburg
Allendorf
Frankenberg
Wabern
Malsfeld
Siegen
Weidenau
Laasphe
Biedenkopf
Gemünden
Homberg
Rotenburg
Bebra
Eisenach
Gotha
Betzdorf
Marburg
Kirchhain
Treysa
Bad Hersfeld
Dillenbg.
Herborn
Gießen
Wetzlar
Alsfeld
Lauterbach
Hünfeld
Bad Salzungen
Schmalkalden
Suhl
Limburg
Fulda
Meiningen
Friedbg.
Bad Hombg.
Nidda
Gelnhausen
Gersfeld
Bad Neustadt
Hildburghsn.
Coburg
WIESBADEN
FRANKFURT
Hanau
Offenbch
Bad Kissingen
Schweinfurt
MAINZ
Bingen
Bad Kreuznach
DARMST.
Aschaffenburg
Lohr
Gemünden
Kitzingen
Bensheim
Worms
Lampertheim
Weinheim
Miltenberg
WÜRZBURG
Erbach
Michelstadt
LUDWIGSHAFEN
MANNHEIM
HEIDELBG.
Speyer
Neustadt
Landau
Bad Mergentheim
Rothenburg
Ansbach
Erlangen
FÜRTH
Heilbronn
Bruchsal
KARLSRUHE
Ettlingen
Schwäb Hall
Crailsheim
Pforzheim
Ludwigsbg.
Backnang
Rastatt
Weißenburg (Wissembourg)

4. Sauerland und Siegerland

Noch einmal finsterstes Ruhrgebiet, nämlich der Güterbahnhof Hagen-Haspe mit dem dahinterliegenden Stahlwerk, doch kann man auch dieser Ansicht eine gewisse Faszination nicht absprechen. Der Bahnhof liegt an der Strecke nach Wuppertal und Schwelm, deren Elektrifizierung damals bevorstand.

Noch befinden wir uns in der Umgebung von Hagen: Links oben ein Blick von der Hohensyburg auf den Güterbahnhof Hagen-Hengstey an der Strecke nach Schwerte und das Ruhrtal, darunter ein Nahverkehrszug von Hagen nach Ennepetal-Altenvoerde in der Industrielandschaft. Manche dieser Züge aus VT 70 fuhren nördlich über Herdecke und Löttringhausen bis nach Dortmund durch. Auf dieser Seite endlich ein Blick, wie er nur den Fotografen der DB vergönnt war: Tender-Perspektive auf der 50er eines Güterzuges, gleichfalls bei Hagen.

Nun bewegen wir uns von Hagen nach Süden: Links die Volmetalbrücke bei Schalksmühle mit einem Güterzug am beschaulichen Fluß, rechts die Ausfahrt eines für die Gegend damals so typischen Personenzuges im westfälischen Brügge. Hier sind nur preußische Fahrzeuge zu sehen.

Bei Attendorn im Sauerland, im Verlauf der Strecke zwischen Olpe und Finnetrop, begegnet uns ein Schienenbus der Reihe VT 95 mit Beiwagen, die sich im Wasser des alten Biggesees spiegeln.

Rechts ein typischer Bummelzug der Kreis-Altenaer Eisenbahn zwischen Werdohl und Lüdenscheid, zwar eine Privatbahn, trotzdem aber ein Element der frühen Bundesbahnzeit. Der Personenverkehr auf dieser Strecke wurde im Herbst 1956 eingestellt.

Hier nochmals die Strecke im Biggesee, nun von einem Dampfer befahren. Mit dem Neubau der Talsperre gegen Ende der fünfziger Jahre wurde die Linie auf eine neue, größere Brücke verlegt.

Rechts ein Winterbild der Baureihe 44 bei Welschen Ennest zwischen Altenhundem und Kreuztal im Verlauf der Strecke Hagen-Siegen.

Eilzug auf der Siegstrecke bei Merten, Abschnitt Hennef – Eitorf. Die Telegrafenmasten und die P 8, ihre Reichsbahnwagen und das Flußtal selbst lassen kaum vermuten, daß auch diese Aufnahme aus den fünfziger Jahren stammt.

Die Heizer der 44er vom Bahnbetriebswerk Altenhundem hatten auf der Strecke Hagen-Siegen mit ihren langen Steigungen tüchtig zu tun. Hier ist, wie die schwarze Qualmwolke erkennen läßt, gerade frisch aufgelegt worden. Aufnahme bei Werdohl, etwa 1957.

Nun ist Siegen erreicht. Die Maschine 39 222, die hier unter ihrem Signal vorüberdonnert, gehört zum Betriebswerk Dillenburg. Aufnahme etwa 1951.

Unten wieder die Siegstrecke, und zwar Rosbach zwischen Siegburg und Au. Der lange Personenzug, den die P 8 über die Brücke führt, besteht fast durchgehend aus Abteilwagen.

5. Von Hannover über Kassel und Bebra nach Frankfurt

Fast eine neue Reise beginnt nun, wenn wir abermals nach dem Norden und nach Hannover zurückkehren, das wir in den Bildern ab Seite 152 schon besucht hatten. Es geht um die Nordsüd-Strecke, eine der neuen Magistralen der Bundesbahn, nachdem das früher auf Berlin ausgerichtete Netz seit Kriegsende eine andere Ausrichtung erfahren hatte, der wir jetzt einmal folgen wollen.

Da ist zunächst die damalige Kursbuchstrecke 202, also die Linie von Hannover über Göttingen zum Knotenpunkt Eichenberg mit den beiden Strängen nach Kassel oder nach Bebra. Auf der Seite links eine 01^{10} aus Bebra mit Schnellzug zwischen Hannover und Göttingen, hier eine V 200 im Leinetal bei ähnlichem Dienst. Ölfeuerung der Dampfloks und Dieseltraktion ermöglichten hier bereits vor der Elektrifizierung beachtliche Langläufe.

Im Bild auf der gegenüberliegenden Seite schon Eichenberg mit einem von Bebra hereingekommenen Güterzug, geführt von einer 44er. Das Gleispaar links läuft nach Kassel, das einzelne Gleis in Richtung Velmeden.
Oben eine Aufnahme aus dem Werratal bei Witzenhausen, also vom Abschnitt zwischen Eichenberg und Kassel. Den Schnellzug befördert eine Maschine der Baureihe 01^{10}.

Nun zunächst einige weitere Schritte auf der Bahn zwischen Eichenberg und Bebra, ehe wir uns der nordhessischen Metropole Kassel zuwenden. Die Steigungsstrecke an der Cornberger Rampe (unten) verlangte den Güterzugmaschinen und ihren Personalen das letzte ab. Dort eine 44 am Block »Berg«, rechts oben eine alte G 12 vor der Ruine Hanstein im Werratal bei Werleshausen.

Weil die langsamfahrenden Güterzüge lange die Strecke blockierten, ersann man für den hochbelasteten Abschnitt zwischen Bebra und Cornberg die »fliegende Überholung«. So wechselt ein Schnellzug mit 01 1077 auf das Gegengleis, um einen ebenfalls bergwärts dampfenden Güterzug zu passieren.

Hier noch zwei weitere Aufnahmen von der »fliegenden Überholung« bei Cornberg, die während der Erprobung der Anlage entstanden sind. Links dampft die 01^{10} an dem Güterzug vorbei, dessen Lokomotivpersonal auf der 44er dem Verzögerungsanzeiger neben dem Signal 5 folgt und das Tempo so lange herabsetzt, bis der Schnellzug am nächsten Gleiswechsel (Bild rechts oben) wieder auf die rechte Bahn zurückgekehrt ist. Rechts unten schließlich ein Blick auf die Signalbrücke am Verschiebebahnhof Bebra, wo eine Lok der Reihe 44 auf dem Abschluß des Rangiergeschäftes seitens der »alten Preußen« wartet.

01 1100

DB
01 1104

In Bebra waren, wie schon mehrfach erwähnt, die schweren Schnellzugloks der Reihe 01^{10} zuhause, die zwischen 1956 und 1958 teilweise auf Ölfeuerung umgestellt worden sind. Erste in der Reihe war die Lok 01 1100. Sie und die 01 1104 werden hier am Ölbunker des Betriebswerkes Bebra beim Tanken gezeigt.

Nochmals Bilder vom Dienst mit ölgefeuerten Lokomotiven; links der Lokführer im Führerstand einer 01^{10}, daneben der Tankvorgang. Diese hervorragenden Maschinen liefen monatlich zwischen 23 000 und 27 000 km; sie blieben bis zu 684 km (Treuchtlingen–Hamburg) vor dem Zug und leisteten am Tag etwa 900 km. Alle Angaben beruhen auf Einsätzen um 1960.

Unten links die Lokomotive 01 1101 mit ihren Betreuern, daneben ein Schnappschuß vom Bahnsteig in Bebra, der vor der Abfahrt des Leipziger Schnellzuges entstanden ist. Hier übernahm bereits das Personal der Reichsbahn den Zug, der damals noch über Wartha lief, ehe Gerstungen entsprechend ausgebaut war.

Daß die fünfziger Jahre in der Geschichte der deuschen Eisenbahnen eine Epoche des Rückzuges gegenüber dem Kraftwagen und eine Ära der Streckenstillegungen bilden, weiß jeder Leser: Weniger bekannt sind die vielfältigen, manchmal etwas steif anmutenden Bemühungen, doch Verkehr zu halten oder die Betriebskosten einer Strecke zu senken. So wurde zwischen Fulda und Gersfeld in der Rhön eine »Rollende Fahrkartenausgabe« erprobt, von der wir hier zwei Bilder zeigen.

Rechts ein Blick auf den Rangierbahnhof von Kassel mit seinen faszinierenden Kreuzungen. Noch stehen rechts die Güterzuggepäckwagen aufgereiht, für deren Unterbringung ein eigenes Gleis vorgesehen werden mußte.

Kassel
Gießen-Koblenz
Trier
Kassel Hbf

Links oben nochmals ein Blick auf den Güterbahnhof von Kassel, und zwar auf die Straßenseite mit einem der damals üblichen Lastkraftwagen. Außerdem fallen ein Schrägaufzug sowie eine »Kaue«, ein Behelfshüttchen der Reichsbahn, ins Auge. Darunter ein Städteschnellverkehrswagen mit Mitteleinstieg, vermutlich der Eilzug E 278, der damals ebenfalls den Zusatz LS (für »Leichtbauwagen und kurze Reisezeiten«) im Kursbuch führte.

Auf dieser Seite der Viadukt von Willingen bei Brilon Wald, Strecke nach Korbach. Der Personenzug hinter der T 14 führt auch einige Güterwagen mit.

Reger Betrieb, wohl auch von den Strekken nach Malsfeld und Niederaula sowie Bad Hersfeld, herrscht auf dem Bahnhof von Treysa im Bezirk Kassel. Zwei 64er vor einem Zug, eine dritte Lok dieses Typs links daneben, schließlich im Hintergrund eine G 8^2 und eine P 8; so etwas würden wir uns einmal gern wieder ansehen . . .

50 997

Links die Bahnschranke bei Niederwalgern zwischen Marburg und Gießen mit einem Güterzug: Kopfsteinpflaster und Schwellenholz zwischen den Schienen sucht man heute auf einer Hauptstrekke vergebens. Rechts eine ausfahrende P 10 im winterlich verschneiten Hauptbahnhof von Gießen, aufgenommen zu einer Zeit, als noch der Wasserkran am Fernbahnsteig stehen mußte.

Am Kaiser-Wilhelm-Turm zwischen Marburg und Marburg Süd war damals dieser Eiltriebwagen zu beobachten.

Wintersportzug auf Bahnhof Chausseehaus zwischen Wiesbaden und Schwalbach im Taunus, ein erster Abstecher von der Main-Weser-Bahn nach Frankfurt am Main. Am Wagen ist das Schild zu sehen: »Der Aufenthalt auf der Plattform ist verboten.«

Nochmals ein Blick auf die »Plattform« mit ihren Schnörkeln am Dach und mit den Übergängen zum nächsten Wagen. Die Kleidung der Reisenden und die Anschrift »Nichtraucher« werden manchen, der die fünfziger Jahre als Kind erlebt hat, an Erich Kästners Geschichte vom »Fliegenden Klassenzimmer« und an den gleichnamigen Film erinnern.

Limburg an der Lahn mit seinem Dom, auf der Strecke im Vordergrund ein Akkumulator-Triebwagen der Reihe ETA 150. Diese Züge waren im Lahntal häufig anzutreffen. Am Bildrand rechts eine Badeanstalt.
Oben der Bahnhof von Eppstein zwischen Niedernhausen und Frankfurt am Main, wieder mit einer P 8 vor dem Personenzug. Heute fährt hier die S-Bahn mit dem ET 420.

01 229

6. Zwischen Frankfurt am Main und Nürnberg

Unsere weitere Fahrstrecke wird durch die Schnellzuglok 01 229 vom Bahnbetriebswerk Nürnberg, die links im Bild den Frankfurter Hauptbahnhof vor einem F-Zug verläßt, bereits angedeutet: Es soll durch den Spessart und nach Franken gehen, doch zuvor verlangt die Großstadt am Main, die so plötzlich in den Mittelpunkt des Eisenbahnnetzes der Bundesbahn gerückt und schließlich auch zum Sitz der DB-Hauptverwaltung erkoren wurde, unsere Aufmerksamkeit. Unten der Hauptbahnhof mit seinen 24 Bahnsteiggleisen im Jahre 1954.

Eine T 12 vor dem Personenzug, eine weitere beim Rangieren und eine 50er bei der Fahrt zum Zug: das war der Blick über das Gleisvorfeld in Frankfurt, als das neue Zentralstellwerk gebaut und die Elekrifizierung vorbereitet wurden. Aufnahme etwa 1955.

Hier die Schalterhalle des Empfangsgebäudes und der Bahnhofsvorplatz in Frankfurt, auf dem die Bahnbus-Anhänger, die Straßenbahnen, die Reklame für Sonntagsausflugszüge und die noch recht angeschlagenen Gebäude ringsum unseren Blick mindestens ebenso fesseln können wie das Porträt einer dampfschnaubenden Lokomotive.

Weihnachten und Winter auf dem Hauptbahnhof Frankfurt: Die werbewirksame Aufnahme links eigt uns schemenhaft die alten Bahnsteigsperren, die Türmchen mit den Gleisnummern und die Abfahrtsanzeiger um 1950; sie verkörpert wieder eine unwiederbringliche Stimmung.

Rechts ein munter ausfahrender Zug mit P 8-Lokomotive, aufgenommen von der kleinen Brücke zwischen den alten Stellwerken, die im Bild auf Seite 249 quer vor der Halle verlief, und die 1956 abgebaut worden ist.

Weil hier die Bundesbahn-Hauptverwaltung saß und sitzt, wurden viele Werbebilder der DB auf dem Frankfurter Hauptbahnhof aufgenommen: Links »Fahrplanwechsel« im Mai 1953, rechts »Fahrkartenautomaten«, zunächst für Zuschlagkarten, wenig später. Wer vermag sich nicht in den Helden vor dem Apparat wiederzuerkennen?

Immer wieder, selbst heute noch, kann das Spiel von Licht und Schatten in der Bahnhofshalle den Betrachter und den Fotografen reizen: Vormittagsstimmung in der 1888 erbauten Anlage von Frankfurt am Main, etwa 1953.

FAHRKART
Auch Sechserkarte
Bahnsteigkarten
10 Dpf

GEIST DES WEINES
3

Noch aus den dreißiger Jahren stammen die Fahrkartenschalter des Frankfurter Bahnhofs in diesem Bild (links). Der Bahnsteigkarten-Automat schluckte früher einmal »Rpf«, und für die Sechserkarten, ein kleines Blöckchen mit 33 Prozent Rabatt, warb die Bundesbahn damals: »Jeder Dritte fährt schwarz.«

Die beiden Bilder unten zeigen Wagenmaterial und Reisende in der Halle, zeigen Ankunft und Abfahrt, und auf dem Zeitungskarren fast nur Blätter, die es heute nicht mehr gibt . . .

Bis in den Hauptbahnhof fuhren einmal die Dampfzüge der Kleinbahn Frankfurt-Königstein durch, ehe am 31. Mai 1959 ein Triebwagen der Bahn diesen Dienst übernahm. Links daneben eine E 40 im Eilzugdienst.

Auf der Seite gegenüber zwei Personenzugmaschinen vom Bahnbetriebswerk Frankfurt (Main) 3, nämlich oben die 1956 angelieferte Lokomotive 66 002 von Henschel, mit der sich die alten Strategen damals nur schwer anfreunden konnten, und darunter die 93 1195, die Wolf in Erfurt 1924 gebaut hatte. Diese Maschinen liefen meist in den Taunus.

DB
66 002
66 002

93 1195

Nun oben ein weiterer klassischer Blick, die Ansicht des Bahnbetriebswerkes Frankfurt (Main) 1 aus der Lokspäher-Perspektive, nämlich aus Richtung der Camberger Brücke. Eine P 8 nimmt Wasser, dahinter steht eine 01 mit Mischvorwärmer am Kohlenbansen, im Hintergrund tummeln sich einige T 18, und all dies in einiger Bewegung. Rechts die ausfahrbereite 23 018 vom Bw Mainz, später einmal beim Bw Gießen.

23 018

Hier noch zwei weitere Frankfurter Spezialitäten, nämlich links der Bummelzug mit Lok 93 075 nach Dietzenbach oder Ober-Roden bei Offenbach-Bieber, und rechts oben der Schienenbus als letztes Fahrzeug auf der alten »Lokalbahn« Sachsenhausen-Offenbach kurz vor deren Einstellung. Darunter eine der letzten T 12 der Bundesbahn, die in Hanau ihren Abschied von der Schiene nahmen.

74 662

Doch nun in den Spessart, hier zweimal Heigenbrücken und zweimal eine »Baureihe 50«. Rechts die echte, vor der Einfahrt in den Schwarzkopftunnel mit einem leeren Kohlenzug am Bahnhof aufgenommen, links die elektrische E 50 nach der Betriebsumstellung im Jahre 1957. Immerhin hatte die Bundesbahn einen Großteil ihrer ersten Lieferungen dieser schweren sechsachsigen Maschinen auf die Rampenstrecke abkommandiert, um den Schiebedienst etwas einschränken zu können.

50 1359

Da die Strecke von Gmünden, wo diese Aufnahme entstand, nach Jossa, Fulda und Bebra erst etwas später elektrifiziert wurde, waren im Spessart auch Dampfloks unter dem Fahrdraht zu beobachten.

Links nochmal ein Stimmungsbild vom Dampfbetrieb zwischen Frankfurt und Würzburg zu Beginn der fünfziger Jahre, rechts sodann ein schwerer Sommerschnellzug mit Frankfurter 01-Lokomotive zwischen Gmünden und Wernfeld am Main, etwa 1952.

Links oben die zuvor erwähnte Strecke von Jossa nach Gmünden bei Rieneck, hier 1957 mit einem Güterzug von Autotransportwagen; darunter die Mainlandschaft zwischen Gambach und Wernfeld an der Strecke Würzburg-Gmünden.

Auf dieser Seite ein Ausschnitt des Nürnberger Hauptbahnhofes, nun schon zu Anfang der sechziger Jahre mit vielen »Silberlingen« im Bild festgehalten.

LEIPZIG
Mersebg.
Weißenfels
Naumbg.
Zeitz
Borna
Döbeln
Oschatz
Grimma
Mittweida
KARL-MARX-STADT (Chemnitz)
Glauchau
ZWICKAU
Werdau
Gera
Altenbg.
Meuselwitz
Jena
Apolda
Weimar
ERFURT
Gotha
Eisenach
Arnstadt
Ilmenau
Rudolstadt
Saalfeld (Saale)
Pößneck
Schmalkalden
Suhl
Meiningen
Mühlhsn.
Bad Langensalza
Eschwege
Heldra
Greiz
Reichenbch.
Aue
Annaberg-Buchholz
PLAUEN
Oelsnitz
Hof
Zeulenroda
Auerbch.(V)
Sonnebg.(Th)
Coburg
Lichtenfels
Kronach
Kulmbach
Bayreuth
Bamberg
Forchheim
Erlangen
FÜRTH
NÜRNBERG
Schwabach
Ansbach
Sulzbach-Rosenberg
Amberg
Schwandorf
Weiden
Marktredwitz
Selb St.
Eger (Cheb)
Franzensbad (Franti. Lázně)
Marienbad (Mariánské Lázně)
Falkenau (Sokolov)
Karlsbd (Karl. Vary)
Regensburg
Straubing
Ingolstadt
Eichstätt
Treuchtlingen
Weißenburg (Bay)
Gunzenhausen
Crailsheim
Aalen
Nördlingen
Kitzingen
Schweinfurt
Bad Kissingen
Neumarkt (Oberpf)
Cham
Furth i. Wald
Plattling
Deggendorf
Kelheim

Östlich von Nürnberg

Der Nürnberger Rangierbahnhof, einstmals klassisches Beispiel für eine leicht im Gefälle angeordnete Anlage mit seinem Bahnbetriebswerk und Wasserturm links, bietet aus der Luft ein gewaltiges Bild, das manchen Modelleisenbahner zur Nachbildung anregen kann.

Auf der linken Seite die Streckenkarte 1957/58 des Gebietes, das wir nun bereisen wollen: Fichtelgebirge, Oberpfalz, Bayerischer Wald und Niederbayern sind die nächsten Ziele, ehe wir die Alpen und Oberbayern besuchen.

98 307

Vorab noch drei Bilder aus Nürnberg und dem Fränkischen Jura, und zwar links abermals der Rangierbahnhof, nun aus dem Stellwerk am Ablaufberg gesehen, sowie darunter das »Spalter Bockl«, die Lokalbahn von Georgensgmünd, die 1969 ihren Betrieb aufgab. Auf dieser Seite eine Impression von der Baumblüte bei Treuchtlingen, belebt durch einen unverwechselbaren Bundesbahn-Schnellzug mit Dampflok 01.

Die bayerische Rangierlokomotive R 3/3, von der einmal 108 Maschinen gebaut worden sind, war mit ihrer Vorläuferin D II eine noch bis Ende der fünfziger Jahre überall anzutreffende robuste Maschine. Unten ein Bild aus Bamberg, 1959 entstanden. Rechts ein Blick in das Wiesenttal und auf den Bahnhof Behringersmühle, dessen Zukunft eng mit einer Museumseisenbahn in der Fränkischen Schweiz verknüpft ist, nachdem die DB die Strecke 1976 stillgelegt und verkauft hat.

Links eine Streckenaufnahme bei Neuhaus an der Pegnitz, Linie Nürnberg-Bayreuth; darunter die durch die Zonengrenze unterbrochene Korridor-Bahn von Pressing-Rothenkirchen nach Sattelgrund und Tettau im Bezirk des Betriebsamtes Lichtenfels. Hier mußte ein Bus den Verkehr übernehmen. Unten ein durchfahrender Schnellzug mit 01 in Velden bei Hersbruck, wieder Strecke Nürnberg-Ranna-Bayreuth.

Hier nun zwei Landschaftsaufnahmen aus dem Fichtelgebirge, entstanden lange vor der Zeit, als die letzten Dampfzüge über die »Schiefe Ebene« ihre Besucher von weither anzogen. Links die 1974 stillgelegte Nebenbahn nach Bischofsgrün, unten die Hauptstrecke nach Hof, jeweils von einem Personenzug befahren.

Bamberg
Bayreuth
Marktredwitz
Marienbad (Mariánské Lázně)
Plan (Planá)
Weseritz (Bezdružice)
Mladotice
Neuhof (Ný Dvůr)
Radnice
Chrást
PILSEN (PLZEŇ)
Rokycany
Rožmitál
Nezvěstice
Nepomuk
Forchheim
Erlangen
Fürth
NÜRNBERG
Hersbruck
Sulzbach-Rosenberg
Amberg
Weiden (Oberpf)
Tachau (Tachov)
Haid (Bor)
Schweißing (Svojsín-C.)
Hermannshütte (Heřmanova Huť)
Nürschan (Nýřany)
Ronsperg (Poběžovice)
Stankau (Staňkov)
Taus (Domažlice)
Klattau (Klatovy)
Böhm. Kubitzen (Česká Kubice)
Janowitz (Janovice)
Strakonice
Schwabach
Neumarkt (Oberpf)
Schwandorf
Cham (Oberpf)
Furth i. Wald
Kötzting
Lam
Gr. Arber 1458
Eisenstein (Zel. Ruda)
Winterberg (Vimperk)
Prachatitz (Prachatice)
Weißenburg (Bay)
Treuchtlingen
Eichstätt
Parsberg
Beilngries
Dietfurt (Altmühl)
REGENSBURG
Kelheim
Straubing
Deggendorf Hbf
Plattling
Zwiesel (Bay)
Rachel 1452
Grafenau
Ingolstadt
Neuburg (Donau)
Landshut (Bay) Hbf
Landau (Isar)
Vilshofen (Niederbay)
Passau
Niederbayern
AUGSBURG
Dachau
Freising
Erding
MÜNCHEN
Mühldorf (Oberbay)
Neumarkt-St Veit
Simbach (Inn)
Braunau a Inn
Schärding
Burghausen (Oberbay)
Wasserburg (Inn)
Rosenheim
Traunstein
Salzburg Hbf
Bad Reichenhall
Berchtesgaden
Königssee
Watzmann 2713
Bad Ischl
Gmunden
Vöcklabruck
Hausruck
Starnberg
Weilheim (Oberbay)
Murnau
Garmisch-Partenkirchen
Mittenwald
Füssen
Kaufbeuren
Buchloe
Bad Tölz
Tegernsee
Schliersee
Bayrischzell
Kufstein
Wörgl
Kaiser Geb.
Sonnwend-G.
Karwendel-Geb.
Salzburger Alpen
Kitzbühel
Saalfelden
Bischofshofen
Radstadt
Dachstein 2996
Totes Gebirge

Die Donautalbahn zwischen Regensburg und Passau, die auf der Streckenkarte links noch nicht elektrifiziert ist, wird im Bild rechts bereits von einem Güterzug mit E 40 befahren; Umstellung Mai 1959.

Unten die meterspurige »Walhallabahn« zwischen Donaustauf und Wörth a. D., die 1960 ihren Personenzugverkehr einstellte und 1968 dann endgültig stillgelegt wurde.

Nun ist Passau erreicht, die Stadt an den drei Flüssen und Übergang zu den Österreichischen Bundesbahnen, deren Elektroloks vor denen der DB den Bahnhof erreichten. Links ein Blick auf den St. Stephansdom und die Feste Oberhaus, davor ein Schienenbus auf der Strecke nach Wegscheid nahe der Grenze. Hier wurden die ersten zweimotorigen Schienenbusse erprobt; zuvor hatte sich dort die bayerische Zahnradlokomotive der Reihe 97^1 nach System Strub nützlich gemacht, denn zwischen Oberzell und Untergriesbach sowie zwischen Mitterwasser und Wegscheid lag noch die Zahnstange. Oben eine Totalansicht des Hauptbahnhofes von Passau.

Oben links nun eine der vier Zahnradmaschinen der alten Gattung PtzL 3/4 zwischen Erlau und Wegscheid. Die Loks wurden zwischen 1954 und 1963 ausgemustert, die Strecke zwischen 1970 und 1973 stillgelegt.

Nun betreten wir den Boden Niederbayerns: Links unten ein Personenzug Mühldorf-Salzburg mit Lok 38 2668 bei Landshut Süd, oben ein Winterbild mit einer Landshuter 24er.

Auf vielen Strecken wurde der Personenzugdienst auch von Güterzugmaschinen besorgt. Hier ein Zug auf der Strecke Plattling-Landau an der Isar-Mühldorf-Rosenheim zwischen Trennbach und Gangkofen, also unweit Neumarkt-St. Veit; Zuglok Reihe 56^2.

Rechts ein Blick in das Inntal bei Marktl, zwischen Simbach und Mühldorf gelegen. Der Zug, den die P 8 durch die Winterlandschaft zu schleppen hat, ist schon etwas länger als die Fünfwagengarnitur im Bild unten.

8. Durch die Bayerischen Alpen

In der süddeutschen Alpenlandschaft fehlte es den Fotografen der Bundesbahn nie an wirksamen und ausdrucksvollen Motiven, um für die Reise mit der Eisenbahn anschaulich zu werben. Die schon länger installierte Oberleitung führte allerdings andere Fahrzeuge ins Bild, so links den ET 90, einen aus dem Münchner Vorortzug ET 85 im Jahre 1949 umgebauten Steilstreckenzug für die bis dahin mit Gleichstrom betriebene Strecke Berchtesgaden-Königsee. Unten ein weiterer Sonderling aus dem Bezirk München, der »Gläserne Zug«, bereits mit Beschriftung der Bundesbahn als ET 91 01, der zu Beginn der fünfziger Jahre wieder in Fahrt kam.

Hier noch zwei Aufnahmen von Ausflugsreisen mit dem Aussichtstriebwagen, für den ein Nachfolger noch heute nicht gefunden ist, nach Prien am Chiemsee. Rechts eine Spezialität der Strecke Berchtesgaden-Freilassing mit ihren vielen Kurven, nämlich eine Elektrolok der »kurzen« Baureihe E 44[5] im Winterdienst bei Reichenhall-Kirchberg.

E44 506

E16 16

Auf der Strecke Rosenheim-Freilassing nahm die Elektrolokomotive der Reihe E 16 auch in den fünfziger Jahren noch einen großen Teil des Schnellzugdienstes wahr (Bild links). Oben ein Blick über und auf die Grenze, nämlich in den Bahnhof von Kufstein, wo die Züge nach Österreich und Italien abgefertigt werden. Hier geht es nach Tirol und ins Kaisergebirge.

Wintersportzüge spielten in Bayerns Alpen stets eine große Rolle. In den fünfziger Jahren – hier drei Aufnahmen aus Fischhausen-Neuhaus bei Schliersee – handelte es sich bei den eingesetzten Triebfahrzeugen allerdings häufig schon um preußische Bauarten, etwa T 18 oder P 8, und auch die Rolle der bayerischen Nebenbahnwagen wurde durch Abteilwagen bedrängt.

Weil auf dem Bahnhof Schliersee die Züge von München nach Bayerischzell immer »Kopf machen« müssen, kommen uns die Lokomotiven dieser beiden Bilder jeweils mit dem Tender voraus daher: Links eine T 18 im Winter bei Schliersee, unten eine P 8 am See selbst.

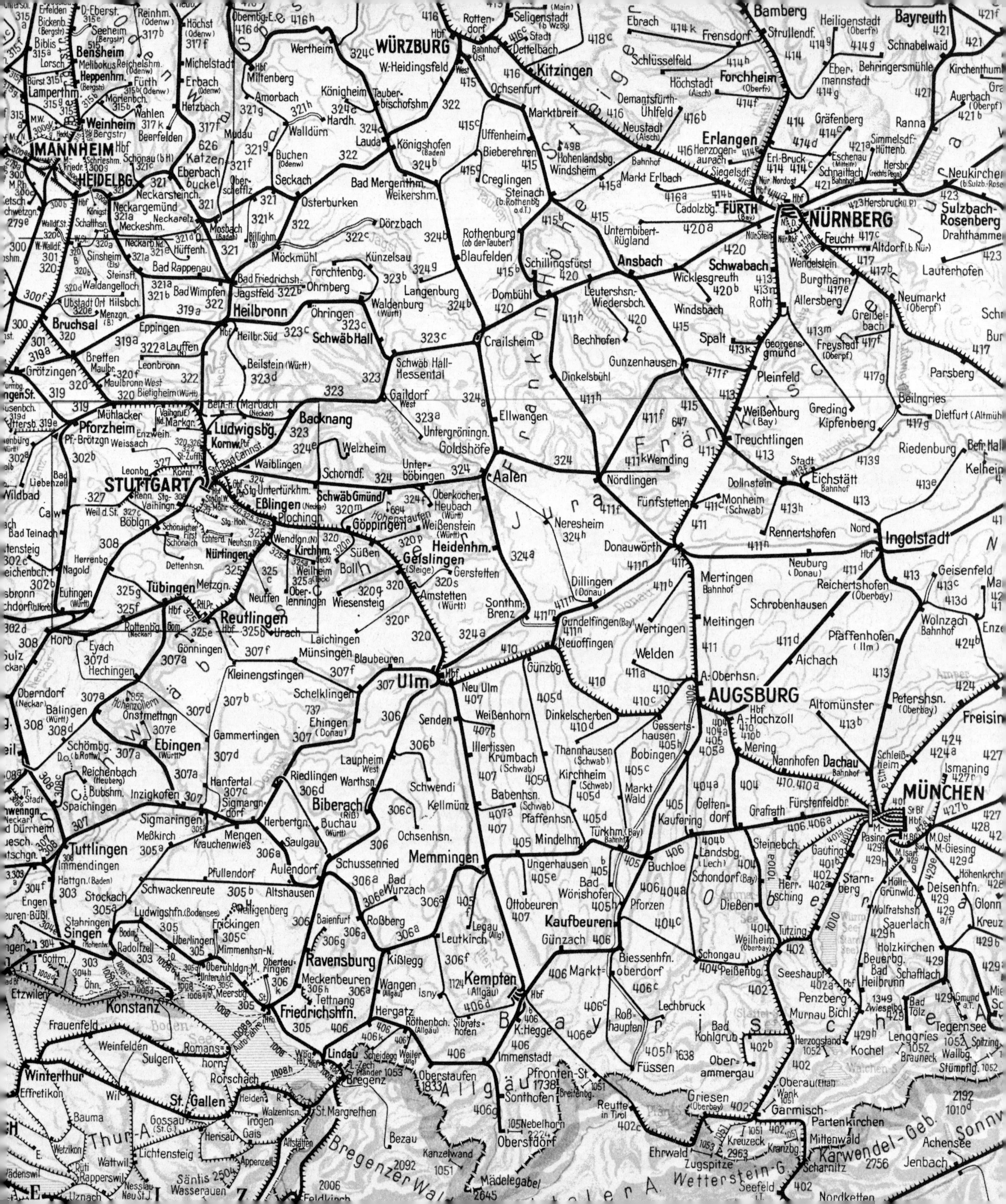

Mannheim
Heidelbg.
Weinheim
Bensheim
Heppenhm.
Lamperthm.
Würzburg
Wertheim
Miltenberg
Amorbach
Walldürn
Buchen
Lauda
Königshofen
Tauberbischofshm.
Kitzingen
Ochsenfurt
Marktbreit
Bamberg
Bayreuth
Forchheim
Erlangen
Fürth
Nürnberg
Schwabach
Ansbach
Rothenburg
Windsheim
Neustadt (Aisch)
Höchstadt
Feucht
Altdorf
Neumarkt (Oberpf)
Sulzbach-Rosenberg
Hersbruck
Heilbronn
Bad Wimpfen
Jagstfeld
Mosbach
Eberbach
Bruchsal
Bretten
Eppingen
Sinsheim
Öhringen
Schwäb Hall
Crailsheim
Dombühl
Dinkelsbühl
Gunzenhausen
Pleinfeld
Weißenburg
Treuchtlingen
Eichstätt
Ingolstadt
Kelheim
Beilngries
Pforzheim
Mühlacker
Ludwigsbg.
Backnang
Waiblingen
Stuttgart
Eßlingen
Plochingen
Göppingen
Schwäb Gmünd
Aalen
Ellwangen
Nördlingen
Donauwörth
Neuburg
Heidenhm.
Geislingen
Böblgn.
Calw
Wildbad
Nagold
Herrenbg.
Tübingen
Reutlingen
Nürtingen
Metzingen
Horb
Hechingen
Balingen
Ebingen
Oberndorf
Rottweil
Tuttlingen
Spaichingen
Sigmaringen
Ulm
Neu Ulm
Blaubeuren
Münsingen
Ehingen
Biberach
Laupheim
Memmingen
Günzburg
Dillingen
Augsburg
Aichach
Dachau
München
Freising
Pfaffenhofen
Schrobenhausen
Friedberg
Buchloe
Kaufbeuren
Kempten
Landsbg.
Weilheim
Starnberg
Tutzing
Murnau
Garmisch-Partenkirchen
Mittenwald
Füssen
Immenstadt
Sonthofen
Oberstdorf
Lindau
Bregenz
Friedrichshfn.
Ravensburg
Wangen
Leutkirch
Konstanz
Singen
Radolfzell
Überlingen
St. Gallen
Winterthur
Rorschach
Holzkirchen
Bad Tölz
Tegernsee
Schliersee
Kochel
Penzberg
Schongau
Innsbruck
Allgäu
Bayrischer
Fränkische Alb
Schwäbische Alb
Odenwald
Bodensee
Zugspitze 2963
Wetterstein-G.
Karwendel-Geb.
Bregenzer Wald

Bevor wir nun weiter durch Alpen und Allgäu reisen, zunächst ein Besuch in der Landeshauptstadt und im Zentrum des bayerischen Schienennetzes. Der Hauptbahnhof von München hatte während des Krieges schwer gelitten (Bild unten), und bis 1960 wurde hier ein imposanter Neubau hochgezogen, den später das Zentralstellwerk nochmals betonte. München spielte aber auch in der Eisenbahntechnik eine wachsende Rolle, weil das dortige Bundesbahn-Zentralamt für die moderne Lokomotiven und Triebwagen zuständig war, die das Gesicht der DB zunehmend prägten.

Dreimal Winterdienst in München, und zwar oben links der Hauptbahnhof mit der Lokomotive 23 004 aus Kempten; im Hintergrund der Turm des alten bayerischen Verkehrsministeriums. Schneeschippen müssen auch die Bundesbahner auf dem Starnberger Bahnhof im Bild darunter, neben denen eine E 44 mit elektrischer Widerstandsbremse (spätere Reihe E 44[11], neu 145) steht. Aufnahme 1950.
Rechts die verschneite Stirnansicht eines Schnellzugwagens mit Faltenbalg in München, dahinter die alte Halle.

Links zwei nächtliche Ansichten des Hauptbahnhofes München; oben mit der alten, unten mit der neuen Halle. Rechts zwei Bilder, die Reiseverkehr und Reiselust illustrieren sollen, oben in einer Szene am Packwagen, unten vor Abfahrt eines Feriensonderzuges nach Kiel.

Erst allmählich schien sich die neue Bahnsteighalle in München über die Gleise vorzutasten. Unten ein Blick auf den abendlichen Berufsverkehr, den eine E 32 aus Augsburg, eine E 18 im Hintergrund und weitere Elektroloks besorgen sollen. Rechts noch einmal der »Blaue Enzian«, nun vor der Abfahrt von München nach Hamburg am frühen Nachmittag. Bei der Wagengarnitur handelt es sich wieder um den Henschel-Wegmann-Zug, der noch bis Ende 1958 benutzt wurde. Aufnahme um 1955.

Nachtausgabe
Frankfurter Allgemeine
Süddeutsche Zeitung
Schiffskatastrophe im
Nebel: 15 Todesopfer

Unten ein Blick vom Hauptbahnhof München nach der Hackerbrücke und dem Gleisvorfeld, rechts die entgegengesetzte Sicht auf die neue Halle und einen ausfahrenden VT 08; darunter der Lebensmittelbahnhof München Süd mit seinen spitzgiebligen italienischen Wagen, die Obst und Gemüse über die Alpen brachten.

Links sehen wir eine S 3/6 in Weilheim, die damals noch den Dienst nach Augsburg und Kaufbeuren versah, während wir uns im Bild unten bereits der landschaftlich so schön gelegenen Strecke von München über Murnau nach Garmisch-Partenkirchen, Mittenwald und Innsbruck genähert haben: Ein typischer Zug mit E 44 vor dem Karwendelgebirge, rechts übrigens ein »Lloyd 600«, der Plastikbomber der fünfziger Jahre.

Auch die Aufnahmen der Doppelseite 310/311 sind an der Karwendel- und Mittenwaldbahn entstanden, die zugleich von österreichischen Zügen befahren wird. Im Amtlichen Kursbuch stand hinter jedem Bahnhofsnamen seine Höhenlage in Metern über Meershöhe.

E44 087
E41 126

Links zwei Bilder vom Bahnhof Garmisch-Partenkirchen, oben mit den bayerischen Signalen, darunter mit den blauen Touropa-Liegewagenzügen, die damals so vielzählig aus dem Ruhrgebiet und von Hamburg einliefen: »Der Alpenwinter lockt«, so hieß ihr erster Prospekt. Auf dieser Seite oben wieder ein österreichischer Zug zwischen Garmisch und Mittenwald, unten einer der neuen Triebwagen der Zugspitzbahn nach dem Schneefernerhaus. Die Strecke ist inzwischen fünfzig Jahre alt.

M·A·N
DIESEL-EXPORT
M·A·N
DIESEL-EXPORT

In Oberbayern, dessen Bahnen wir gerade bereisen, müssen auch Abstecher nach Augsburg – links oben ein Güterzug mit Zehnzylinder-Schiffsdieselmotoren der M.A.N. vor der Abfahrt in Richtung Amsterdam, darunter ein Nebenbahnzug bei Welden – sowie Memmingen (unten) eingefügt werden; wir sind damit bereits im Allgäu eingetroffen.

Die Strecke Memmingen-Legau, auf der hier (links) noch ein Dampfzug bei Dickenreishausen zu beoboachten ist, wurde 1972 stillgelegt; selbst die Umstellung auf Schienenbusbetrieb, wie wir ihn beispielhaft rechts bei Füssen im Allgäu sehen, hatte nichts genützt. Im Hintergrund dieses Bildes übrigens Tegelberg, Straußberg und Säuling.

Auf der gegenüberliegenden Seite passiert der »Isar-Rhone-Express« D 180 von München über Lindau, St. Margarethen, Zürich, Bern und Lausanne nach Genf den Standpunkt des Betrachters bei Kempten-Hegge. Er wurde damals noch von der modernisierten S 3/6 (18 619) befördert, ehe ihn die V 200[1] aus Lindau übernahm.

Unten ein Dampfzug mit Lok 64 382 von Pfronten nach Kempten auf der Strecke von Reutte; auch hier waren die ersten Schienenbusse der Bundesbahn schon gleichzeitig am Werk, um der Dampflokomotive das Wasser abzugraben.

86 430

Links ein Wintersportzug nach seinem Eintreffen in Oberstdorf; von dort gelangte man nach dem Nebelhorn, der Breitachklamm und dem Freibergsee. Oben ein Schweizer Schnellzug mit S 3/6 vor Bahnhof Oberdorf bei Immenstadt.

Rund um Immenstadt sind diese drei Aufnahmen entstanden: Hier ein Schnellzug mit P 10 am Großen Alpsee, rechts der beschauliche Bahnhof von Immenstadt, mit Grünten, darunter ein Triebwagenzug VT 32 nach Kempten.

Bei Harbatshofen und Oberstaufen im Allgäu, zwischen Buchloe und Lindau, sind die Winterbilder dieser und der folgenden Doppelseite den Fotografen der DB gelungen: S 3/6 und P 10 hatten hier den Schnell- und Eilzugdienst in der Hand, wenn auch der D 72 von München über Lindau nach Zürich (Seite 326) mitunter nach Vorspann durch eine württembergische C-Lok verlangte.

32

Sommerdienst im gleichen Streckenabschnitt: Links oben der VT 32 von München nach Lindau bei Röthenbach, darunter der Schnellzug D 183 »Bavaria« von Genf nach München, bereits mit Diesellok, während die Aufnahme unten noch eine S 3/6 bei Oberstaufen zeigt.

Lindau im Bodensee ist erreicht, hier im Vordergrund bereits die Strecke nach Friedrichshafen (links). Die Ansicht des Betriebswerkes von Radolfzell (oben) mit einer württembergischen Tn-Lokomotive leitet bereits ins nächste Kapitel über; wir haben nun Bayern verlassen.

Tex-Schmelz
Traubenzucker
Unentbehrlich für jede Reise
LUXEMBURG (LUXEMBOURG)
Trier
Idar-Oberstein
Bad Kreuznach
Bingen
DARMST.
Worms
MANNHEIM
LUDWIGSHAFEN
HEIDELBG.
Kaiserslt.
Neustadt
Speyer
Landau
Saarlouis
SAARBRÜCKEN
Zweibrücken
Pirmasens
Metz
Saargemünd (Sarreguemines)
Nancy
Saarburg (Sarrebourg)
Lunéville
KARLSRUHE
Bruchsal
Pforzheim
STUTTGART
Rastatt
Baden-Baden
Hagenau (Haguenau)
STRASSBURG (STRASBOURG)
Offenbg.
Tübingen
Lahr
Freudenstadt
Rottweil
Schlettstadt (Sélestat)
Kolmar (Colmar)
FREIBURG
Villingen
Tuttlingen
Mülhausen (Mulhouse)
Belfort
Lörrach
BASEL
Schaffhsn.
Singen
Konstanz
Winterthur
St. Gallen

9. In Baden und Württemberg

Die unverwechselbare Silhouette der P 8-Lokomotive am Rande des »Schwäbischen Meeres« bei Überlingen soll das letzte Kapitel unserer Rundreise eröffnen, die uns noch durch den Schwarzwald und bis an den Neckar führen wird. Die Streckenkarte 1957/58 zeigt wieder den Umfang des elektrischen Betriebes, also besonders die Oberrheinstrecke und den Bezirk Stuttgart mit seiner Verbindung nach Heidelberg und Darmstadt.

Am Bodensee-Ufer, hier bei Sipplingen zwischen Radolfzell und Friedrichshafen, waren ebenfalls Lindauer V 200 im Einsatz. Ihr Zug führt französische Wagen mit. Oben rechts auf der Rheinbrücke von Konstanz die Lok 39 198 aus Villingen, der ebenfalls bald die Diesellokomotive nachrückte. Darunter ein Blick auf Sigmaringen mit einem Züglein der Hohenzollerischen Landesbahn.

39 198

Wieder zweimal der Winter im Schwarzwald, oben an unbekanntem Ort mit der C-Lokomotive, darunter die verschneiten Anlagen in Baiersbronn: Selbst die T 16^1 kommt nicht mehr voran.

Südseite des Hauptbahnhofes Freiburg mit einem ausfahrenden Güterzug nach Neustadt im Schwarzwald: Die Lokomotive 44 413 strengt sich auf der Steigung an, mit der sie zunächst die Hauptbahn Offenburg-Basel überqueren muß, bevor sie die Höllentalstrecke erreicht.

Auf der Höllentalbahn zwischen Hinterzarten und Höllsteig, und zwar der Blick aus zwei verschiedenen Richtungen auf die gleiche Stelle. Hier wurde bis 1960 noch ein Versuchsbetrieb mit »Landesfrequenz« (Wechselstrom 50 Hertz, 20 000 Volt) unterhalten, den besonders die Elektrolokomotiven der Reihe E 244 durchführten.

Landschaftlich ebenso reizvoll wie die Höllentalbahn und betrieblich noch höher belastet ist die Schwarzwaldbahn von Offenburg über Villingen nach Donaueschingen und Singen. Hier wollte man die P 10 frühzeitig durch die V 200 ablösen, doch verlangten auch diese Maschinen nach feinstem Fingerspitzengefühl: Getriebeschäden im angestrengten Bergdienst setzten die überforderten Wunderlokomotiven für einige Zeit außer Gefecht, und die P 10 mußte noch einmal einspringen. Vorspann (rechts oben) oder Nachschub im Güterzugdienst (rechts unten), jeweils zwischen Triberg und Nußbach aufgenommen, waren bis zur Elektrifizierung 1975 noch zu beobachten.

Links noch einmal die Schwarzwaldbahn mit einer roten V 200, rechts zwei Aufnahmen von den Bahnanlagen der Stadt Rottweil im nördlichen Schwarzwald. Hier standen noch lange die letzten P 8 und T 18 im Betrieb; im Bild oben eine P 10.

Raumünzach im Murgtal (links) und Neuenburg zwischen Pforzheim und Wildbad (unten) sind Stationen, auf denen sich die württembergische Dampflokreihe T 5 beobachten ließ. Die Schönheit der Landschaft kann aber auch den Eisenbahnfreund vorübergehend von seinem Metier ablenken.

Über Horb am Neckar, in dessen Nähe uns ein kurzer Kesselwagenzug mit 50er Dampflok und ein Schienenbus VT 95 begegnen, wird Stuttgart angestrebt. Dort gehörten die P 10-Lokomotiven, besonders für die Gäubahn, über Jahrzehnte zum Bild des Hauptbahnhofes. Die hier gezeigte Maschine war in Kempten beheimatet, Aufnahme in Ulm.

39 152

Jetzt der Stuttgarter Hauptbahnhof, hier mit Blick auf die Säulenstümpfe der zerstörten Bahnsteighalle. Links eine P 8, daneben ein Triebwagenzug ET 65 mit württembergischen Zwischenwagen 3. Klasse. Auf der gegenüberliegenden Seite zwei Aufnahmen vom Ablaufberg in Kornwestheim Rangierbahnhof mit einer T 14[1].

94 1513

Der Güterzug, welcher links unten im Bild mit einer 44er zwischen Gaildorf West und Mittelrot auf der Murrtalbahn daherkommt, hat anscheinend einen kleinen Zirkus (oder Bauwagen) geladen.

Unten der Stuttgarter ET 25 mit vorgesetztem Steuerwagen auf der Fahrt nach der Universitätsstadt Tübingen. In späteren Jahren baute man die Züge um und fügte den Steuerwagen als Mittelteil ein.

Der alte, 1955 geschlossene und sodann abgerissene Heidelberger Hauptbahnhof liegt hier noch einmal vor uns: Links dampft die württembergische T 5 daher, weitere Gäste waren selbstverständlich die badische X b, die preußischen P 8 und P 10 sowie die Einheitslok 01 – insgesamt acht Lokomotiven vermögen wir auf Anhieb zu zählen.

»Moderne Schienenfahrzeuge« in den frühen fünfziger Jahren: Mit den aus Wehrmachtsbeständen übernommenen V 20 und V 36 wurden Steuerwagen und »Donnerbüchsen« mittels Steuerleitungen zu den ersten Wendezügen verbunden, hier aufgenommen im Remstal zwischen Stuttgart und Aalen (unten). Rechts oben eine Vorstellungsfahrt der V 200 von Frankfurt nach Weinheim an der Bergstraße 1953, darunter eine der neuen 65er aus Darmstadt, die ebenfalls im Odenwald und an der Bergstraße sich nützlich machten. Erbauer beider Loks war Krauss-Maffei.

DEUTSCHE BUNDESBAHN
V 200 002

65 001

Im Neckartal bei Hirschhorn ist hier ein Triebwagenzug VT 60 von Stuttgart nach dem alten Hauptbahnhof Heidelberg unterwegs; er fährt weiter nach Ludwigshafen. Daneben dampft ein Leerzug mit seiner 50er über die gleiche Strecke im Abschnitt zwischen Eberbach und Pleutersbach.

Im Rangierbahnhof Mannheim läßt sich beobachten, wie die Zugförderung nach den verschiedenen Anschlußstrecken zwischen Dampf und Strom aufgeteilt werden muß. Am Ablaufberg ist noch eine 94er tätig, weil die V 60 als Ersatz zu klein und die V 90 noch nicht auf dem Plan erschienen ist. Rechts zwei Aufnahmen aus der Pfalz: Oben ein Personenzug mit Lokomotive der Reihe 64 auf der Strecke von Lambrecht nach Elmstein, darunter die Ludwigshafener Schmalspurbahn mit Lok der Reihe 99^{10}. Die Lokomotiven dieser Meterspurstrecke wurden 1956/57 ausgemustert.

99 101
3

383 32

Das Saarland kommt in diesem Bildbericht ein wenig zu kurz, weil seine Eisenbahnen erst ab 1957 wieder zur DB gehörten. Links Bahnhof Völklingen, auf dieser Seite die Bahnanlagen von Neunkirchen bei Nacht, darunter eine Zweisystemlokomotive E 320 (Baujahr 1960) vor einem Güterzug aus Lothringen. Sie konnte auch in Frankreich fahren.

10. Das waren die fünfziger Jahre bei der Bundesbahn

Den Schluß unserer Rundreise sollen wieder einige Bilder wie die am Anfang bilden, in denen also Typisches losgelöst von einem bestimmten Ort die Atmosphäre der frühen Bundesbahnzeit verkörpert: die »Nylons« im Bild unten gehören dazu ebenso wie die rührende Mouson-Kutsche daneben oder das Wagenmaterial dahinter. Aufnahme in Stuttgart Hauptbahnhof.

»Begegnung auf der Strecke« – auch die Zeit, in der das Fenster am Führerstand immer offenblieb und so einen Blickwechsel mit den »Schwarzen« vom Lokpersonal ermöglichte, ist verklungen. Dampflokomotive der Reihe 50.

Die Auskunft am Zug, der Fahrkartenschalter für den Interzonenverkehr in Düsseldorf, ein Fenster des »Gläsernen Zuges« – alle drei Werbefotografien führen uns eine beinahe naive Reisefreude vor, wie man sie nach Krieg und Schwarzmarktzeit wohl nicht anders erwarten durfte.

Mit dem gleichen Blick sollten wir den Zugführer im Doppelstockwagen, die Auskunftsbeamtin und den Keksverkäufer in München ansehen. Auf der Seite gegenüber Lokomotivführer und Zugführer an einer langjährigen Hannoveraner Maschine beim Zetteltausch. Das neue, von Professor Ege entworfene DB-Zeichen wurde 1955 eingeführt.

DB
01 012

Auf Probefahrt zwischen Röthenbach und Oberstaufen an der Strecke von München nach dem Bodensee: An dem Meßwagen der Versuchsanstalt München eine der neuen V 100, deren Einführung ab 1958 so vielen bewährten Dampfloks auf den Nebenbahnen den Garaus machte. Als Bremslokomotive eine der dicken 45er. Die Garnitur fährt nach links, um eine weitere Meßfahrt anzutreten.

Wohin?
KASSEL
Fahrpreisermäßigungen für
Sonderfahrt
zur Internationalen
43.40 DM

INLAND
5
4
ZIGARREN
TABAK

Für ihre Wintersportzüge machte die Bundesbahn in den ersten Jahren sogar noch Reklame mit dem Plakat einer Stromlinienlok der Reihe 05; Aufnahme ganz links in Kassel. Daß es auf den Bahnhöfen einmal wieder Bananen als Reiseproviant zu kaufen gab, will uns heute kaum mehr erwähnenswert erscheinen. Darunter der Blick auf die Fahrkartenausgabe im neuen Heidelberger Hauptbahnhof mit einem »Großdrucker«, damals dem letzten Schrei. Und rechts nochmals eine V 36 mit Steuerwagen am Sonnenburgtunnel, im Nürnberger Bezirk, erster zaghafter Versuch der Motorierung.

Eine Tätigkeit, deren allmählichem Verschwinden heute niemand nachtrauert: Das Anschließen der Wagenheizung an eine Dampfzapfstelle zum Vorheizen der Abteile war keine leichte Arbeit.

Sodann zwei Bilder, in denen sich mancher Leser vielleicht wiedererkennen wird: Oben eine rechte »Rasselbande« im Schüler-Sonderzug nach dem Bodensee, und allein dieses Wort läßt darüber nachdenken, wie sich unsere Sprache seit den fünfziger Jahren verändert hat.

Für die Kinder im 1.-Klasse-Abteil unten hätte man damals das Prädikat »wohlerzogen« zur Hand gehabt; ob der Knabe wohl davon träumt, einmal Lokomotivführer zu werden wie der Bundesbahner auf seiner 41er im Bild daneben?

Eisenbahn-Alltag 1950: »In einem Vorstadtbahnhof« ist dieses Stimmungsbild entstanden. Das waren die fünfziger Jahre . . .

Inhalt